Heimat ist Tiefe, nicht Enge.

Hanns Koren

Südoststeiermark erleben

Josef Kirchengast

Südost Steiermark erleben

Vulkanland
Thermenland
Genussland

styria regional

Impressum

ISBN: 978-3-7012-0186-0

styria

© 2015 by *Styria Regional* in der
Verlagsgruppe Styria GmbH & Co KG
Wien – Graz – Klagenfurt
Alle Rechte vorbehalten

Bücher aus der Verlagsgruppe Styria gibt es
in jeder Buchhandlung und im Online-Shop

styriabooks.at

Lektorat: Nicole Richter
Cover- und Buchgestaltung: designation Jürgen Eixelsberger
Druck und Bindung: Druckerei Theiss GmbH, St. Stefan im Lavanttal

7 6 5 4 3 2 1

Inhalt

Vorwort	7

EINSTIMMUNG
Wo der Seppi den Most holte — 8

DIE PIONIERE GÖLLES UND ZOTTER
Weil ihnen nichts zu blöd war — 15

DIE LANDSCHAFT
Terra Vulcania — 20

DIE ÖLE
Öhll! — 24

DIE SPRACHE
Doutzi Sochn — 28

DIE BUSCHENSCHANK
Das kleine Glück — 33

DER WEIN
Eine vielschichtige, aber einfache Wahrheit — 38

DIE FESTE
Feiern, aber g'scheit — 43

DIE SPEISEN
Vom Tommerl — 48

ÄPFEL & CO.
Wo der Seppi heute den Most holt — 52

SCHINKEN UND SCHWEINEFLEISCH
Die Sache mit dem Schwein — 58

DIE KÄFERBOHNE
Ein Sensiberl — 64

DIE GLEICHENBERGER BAHN
Dschungel-Express ins Heilbad — 69

DER HOLUNDER
So ein Holler — 74

DIE LEBENSKRAFT
Nicht vom Brot allein — 79

DAS HANDWERK
Mit den Sochn an Hoagl hobn — 82

DER ADVENT
Stille Zeit — 91

FÜR LEIB & SEELE – TOUR 1
Der kreative Norden — 94

FÜR LEIB & SEELE – TOUR 2
Der unterschätzte Westen — 110

FÜR LEIB & SEELE – TOUR 3
Der fließende Süden — 122

FÜR LEIB & SEELE – TOUR 4
Der klassische Osten — 136

FÜR LEIB & SEELE – TOUR 5
Die pralle Mitte — 150

Gesamtverzeichnis der Adressen nach Kategorien — 176

Der Autor — 191

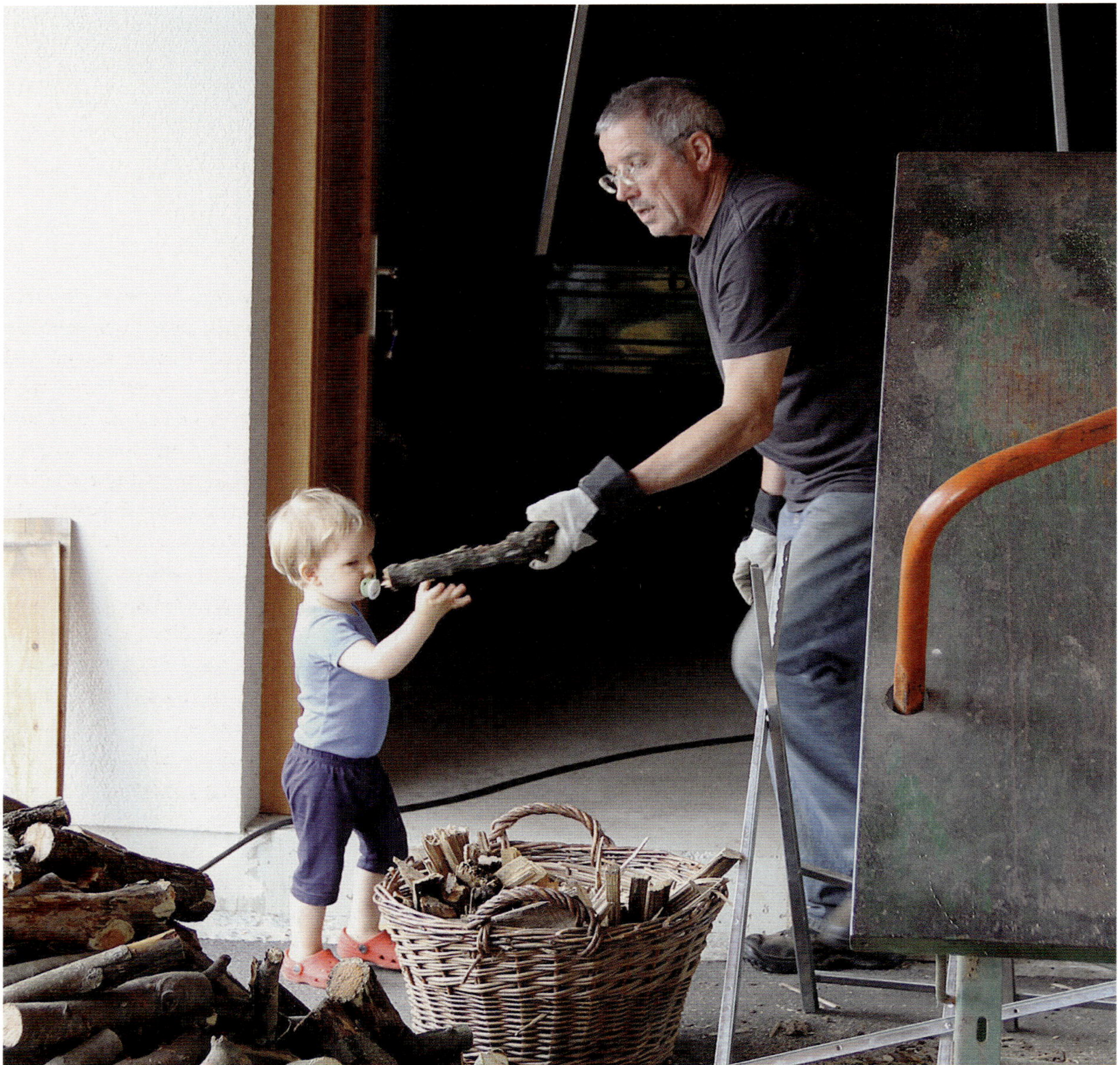

Vorwort

In dieses Buch über ein wunderbares Land, seine Menschen und seine Genüsse ist vieles eingeflossen: persönliche Wurzeln, in Jahrzehnten gesammelte Eindrücke, unzählige Kontakte und zufällige, bereichernde Begegnungen.

Als ich mit der gezielten Recherche begann, musste ich erstaunt feststellen, wie viel ich noch nicht kannte. Daher kann das vorliegende Ergebnis nur unvollständig sein. Ich verstehe es als Anregung, als Einladung an die Leserinnen und Leser, sich selbst auf Entdeckungsreise zu begeben. Eines kann ich garantieren: Das Ergebnis lohnt.

Die vielen Menschen, die an der kulinarischen Region Südoststeiermark kreativ und engagiert mitarbeiten, im Buch aber nicht vorkommen, bitte ich um Entschuldigung. Das ist ganz gewiss nicht aus Absicht geschehen, sondern einfach, weil unsere Möglichkeiten nicht unbegrenzt waren.

Bei aller Fülle ist die Südoststeiermark ein überschaubarer Raum. Die Distanzen sind kurz, sodass es immer etwas Interessantes gleich in der Nähe gibt. Als Orientierungshilfe habe ich fünf Touren zusammengestellt. Natürlich ist ein warmer Herbstnachmittag in einer Buschenschank unter der Weinlaube etwas Besonderes. Aber bei dem reichhaltigen kulinarischen, gastronomischen, kulturellen und der Erholung dienenden Angebot sollte das Wetter kein entscheidender Faktor sein. „Gläserne" Manufakturen mit Führungen und Verkostungen, mehr als fünfzig Museen, fünf Thermen und eine Gastronomie aller Kategorien machen das Land zur Allwetter- und Ganzjahresregion.

Einige Fotos stammen aus dem Archiv des Steirischen Vulkanlandes. Dafür sage ich herzlichen Dank. Ebenso danke ich den Restaurants und Gasthäusern, die uns Rezepte zur Verfügung gestellt haben. Mein besonderer Dank gilt Frau Mag. Nicole Richter vom Styria Verlag für die Idee und die einfühlsame Begleitung ebenso wie dem gesamten Produktionsteam.

Ohne die Anregungen, die Ermunterung und vor allem die Mitarbeit meiner Frau Helga wäre dieses Buch nicht zustande gekommen. Ihr ist es gewidmet, in Dankbarkeit und Liebe.

Josef Kirchengast

LINKS: *Nachschub für Helgas Herd: der Autor mit Enkelsohn Raphael.*

EINSTIMMUNG

Wo der Seppi den Most holte

Aufgewachsen bin ich in der Obersteiermark. Aber die Besuche im väterlichen Heimathaus, einem Bauernhof im südoststeirischen Mühldorf, vermittelten mir schon als kleinem Knirps ein eigentümliches Gefühl des Vertrauten, gewürzt mit einem Schuss Exotik. Da war vieles selbstverständlich, was es hundert Kilometer weiter nördlich nur selten oder gar nicht gab. Im Frühsommer den hellgrünen Zupf- oder Schnittsalat (eigentlich überzählige Salatpflänzchen, die eben verwertet wurden), später die herrlichen Ochsenherz-Paradeiser. Kurz vor dem Mittagessen wurden sie aus dem Garten in die Küche geholt. Der Salat schmeckte ganz anders als zu Hause, mit einem eigenartigen Öl und ungewohnten Essig abgemacht: goldgelbem Rapsöl und dem edelsauren Nebenprodukt des hauseigenen Apfelmosts. Nur ausnahmsweise gab es Kürbiskernöl, und dann vermischt mit Rapsöl. Denn die Kürbiskerne von den Feldern des Hofes waren eine nicht unwesentliche Einnahmequelle.

Die Salatportionen, die ich verdrückte, brachten mir den Spott des mit robustem Humor ausgestatteten Onkels ein: Wenn ich weiter so viel Grünzeug äße, würde ich bald Milch geben. Das Gelächter der Cousinen ertrug ich mannhaft. Genoss ich doch das Privileg, den Most – ein Heiligtum des Onkels – zum Mittagessen aus dem Keller holen zu dürfen. Das war natürlich mit Verkostung direkt am großen Holzfass verbunden. Und weil das onkelseitig veredelte Obst immer einen zweiten Schluck lohnte, war der Krug bei der Rückkehr an den Tisch meist nicht mehr voll. Dann musste ich noch einmal gehen – was ich nicht unbedingt als Strafe empfand.

Manches von dem, was die Südoststeiermark zu einer der kulinarisch interessantesten und reichhaltigsten Regionen Europas gemacht hat, scheint mir in diesen Kindheitserfahrungen angelegt: die Wertschätzung für das, was dieses fruchtbare Land an Gutem gibt; die Freude am Einfachen, Unaufgeregten; bewusstes Genießen auch des vermeintlich Banalen und Alltäglichen; und das alles durchwoben mit der freundlichen Art der Menschen hier, die nicht besser und nicht schlechter sind als anderswo, aber viel Sinn für Humor und unkomplizierte Kommunikation haben.

Von hinten nach vorn

Jahrzehntelang galt der Südosten Österreichs mit seiner geopolitischen Randlage als eine der rückständigsten Regionen des Landes. Auch nach dem Verschwinden des Eisernen Vorhangs und dem Zerfall

UNTEN: *Frühe Inspiration: Der Autor (3.v.li.) mit Cousinen und Cousins auf heimatlicher Scholle.*

Jugoslawiens änderte sich daran zunächst nur wenig. In den Statistiken schien der Bezirk Feldbach regelmäßig als jener mit der österreichweit geringsten Kaufkraft der Bevölkerung auf. Aber Statistiken erzählen bestenfalls die halbe Wahrheit. 2013 erregte eine andere Seite der Realität landesweit Aufsehen, wobei Kenner der Verhältnisse weniger überrascht waren: In einer Bewertung der Lebensqualität, die eine große Wochenzeitschrift erstellen ließ, rangierte der neu geschaffene Bezirk Südoststeiermark (Feldbach und Radkersburg) an zweiter Stelle hinter Dornbirn im vergleichsweise reichen Vorarlberg.

Die Bewertung basierte nicht auf Umfragen, also auf der subjektiven Einschätzung der Bewohner, sondern auf einer Kombination objektiver Parameter, die von dem prominenten Mathematiker-Philosophen Rudolf Taschner ausgearbeitet wurden. Neben Kriterien wie Wohnen, medizinische Versorgung, Arbeitsplätze, Bildungseinrichtungen und anderen spielten dabei auch Qualität der Lebensmittel und kulinarisches Angebot eine Rolle. Die Südoststeiermark belegt in keiner Einzelwertung Platz eins, aber in vielen Bereichen zweite Plätze. Und das ist doch sehr typisch für diese Region. Das Spektakuläre, Laute, Sensationelle liegt ihr nicht. Aber die Summe dessen, was sie zu bieten hat, kann sich sehen und vor allem schmecken lassen.

Na gut, die Riegersburg ist nicht gerade unspektakulär. Aus jeder Perspektive beeindruckt diese Festung, deren Anfänge als Fluchtburg ins 7. Jahrhundert zurückgehen. Aber sie allein könnte, trotz ihrer fast magischen Anziehungskraft auf Besucher aus nah und fern, nicht eine ganze Region tragen. Dennoch kann es nicht purer Zufall sein, dass drei der prominentesten kulinarischen Betriebe der Südoststeiermark – Schnapsbrennerei und Essigmanufaktur Gölles, Vulcano-Schinkenmanufaktur Auersbach und Schokoladenmanufaktur Zotter – in unmittelbarer Nähe entstanden sind. Und ein Spitzenbetrieb jüngeren Datums, die Fromagerie gegenüber der Festung, ist mit seiner etwas eigenwilligen Architektur zumindest eine nette Anspielung: Seht her, hier steht auch eine Burg, eine Käse-Hochburg.

Bernhard Gruber, der „Käse-Ritter", versichert glaubhaft, er habe, als er auf der Suche nach einer geeigneten Immobilie auf die damalige Bauruine mit dem Turm gestoßen sei, zunächst gar nicht gewusst, dass nur ein paar Hundert Meter weiter Josef Zotters Schokoladen-Wunderwelt liegt. Inzwischen arbeiten Gruber, Zotter und Gölles kreativ zusammen – ein weiteres Beispiel für das kooperative Klima, das in der kulinarischen und gastronomischen Szene der Region herrscht und unter anderem eine Ursache ihres Erfolges ist.

RECHTS: *Ochsenherz-Paradeiser: eine prägende Kindheitserfahrung.*

Das Zauberwort

Diesen Erfolg könnte man in der unaufgeregten Art der Südoststeirer auch ganz schlicht erklären: Des is ban Moch'n so word'n (auf Hochdeutsch: Das ist beim Machen so geworden). Aber so einfach verhält es sich wohl nicht. Einen zutreffenden Erklärungsansatz liefert Joseph von Eichendorffs wunderbares Gedicht „Wünschelrute":

> Schläft ein Lied in allen Dingen,
> Die da träumen fort und fort.
> Und die Welt hebt an zu singen,
> Triffst du nur das Zauberwort.

Das Zauberwort, das für viele Bewohner der Region inzwischen ein selbstverständliches Identitätsmerkmal ist, heißt Vulkanland. Quasi erfunden haben es der Regionalpolitiker und frühere Auersbacher Bürgermeister Josef Ober und seine Mitstreiter vor eineinhalb Jahrzehnten. Sie suchten für die strukturschwache Region ein Alleinstellungsmerkmal, das nach innen wie nach außen wirken sollte, und sie wurden bei den zahlreichen erloschenen Vulkanen fündig. Obwohl diese den landschaftlichen Reiz des Gebietes ausmachen, war den wenigsten Südoststeirern bewusst, worum sich dabei eigentlich handelt. Sie träumten vor sich hin, die toten Zeugen geologisch hochdramatischer Epochen vor Dutzenden Millionen Jahren – bis das Zauberwort sie zu Lebensspendern für eine ganze Region machte.

Inzwischen steht „Steirisches Vulkanland" für eine international beachtete, erfolgreiche regionale Markenstrategie, die Regionalentwickler aus ganz Europa anlockt. Ihr Grundgedanke: Die Menschen müssen Wertschätzung dafür entwickeln, was hier wächst, produziert und veredelt wird. Nicht nur, aber auch im Kulinarischen.

Ist dieses Bewusstsein einmal geschaffen und wird es tatsächlich gelebt, dann wird die Region ganz von selbst auch für Außenstehende attraktiv. Nachhaltigkeit sagt man heute dazu.

RECHTS: *Die Riegersburg hat immer Saison.*

Die Vulkanland-Visionäre hatten es nicht immer leicht. „Man braucht zehn Jahre, bis man mit einer Idee bei den Leuten ankommt", sagt Josef Ober. Inzwischen gibt der Erfolg ihm und den vielen Recht, die die Vision in die Praxis umsetzen: „Wir waren lange Zeit hinten, zu weit hinten, sodass wir jetzt schon wieder vorne sind." Den Nutzen haben neben den Einheimischen die immer zahlreicheren Gäste, die zwischen Gleisdorf und Bad Radkersburg, zwischen Kirchbach und Fürstenfeld Kulinarik und Gastronomie in einer Dichte, Qualität und Vielfalt vorfinden, wie sie österreichweit ziemlich einzigartig sind.

Dass es bei aller positiven Entwicklung weiter Bauernsterben und Landflucht gibt, soll hier nicht schöngeredet werden. Andererseits geben die vielen jungen Menschen, die bewusst hier bleiben, und die nicht wenigen, die hierherziehen und sich und ihren Familien mit kreativen Ideen in Landwirtschaft, Gastronomie und Handwerk eine Existenzgrundlage schaffen, Anlass zur Hoffnung.

Trotz ihres Erfolges kann die Marke „Steirisches Vulkanland" all das, was die Südoststeiermark an Gutem und Schönem bietet, nur unvollständig vermitteln. Andere Markenbegriffe wie „Thermenland Steiermark" und damit verbundene, neuartige kulinarisch-gastronomische Angebote, auf die in diesem Buch ebenfalls eingegangen wird, sind weitere Beispiele für die Möglichkeiten des Genießens und der Erholung. In überschaubarem Raum stehen Thermen in fünf Orten – Waltersdorf, Blumau, Loipersdorf, Gleichenberg, Radkersburg – zur Auswahl, jede mit ihrem ganz eigenen Flair und umliegenden Einkehrmöglichkeiten aller Kategorien.

Wer hier mit seiner inneren Wünschelrute unterwegs ist, sich Zeit nimmt und dabei auch auf die Menschen zugeht, die all dies zustande bringen, wird mehr als ein Zauberwort finden, das den südoststeirischen Mikrokosmos in einer jeweils ganz persönlichen Melodie zum Klingen bringt. Und er wird neue Dimensionen des Genusses entdecken, die über gutes Essen und Trinken weit hinausreichen. ■

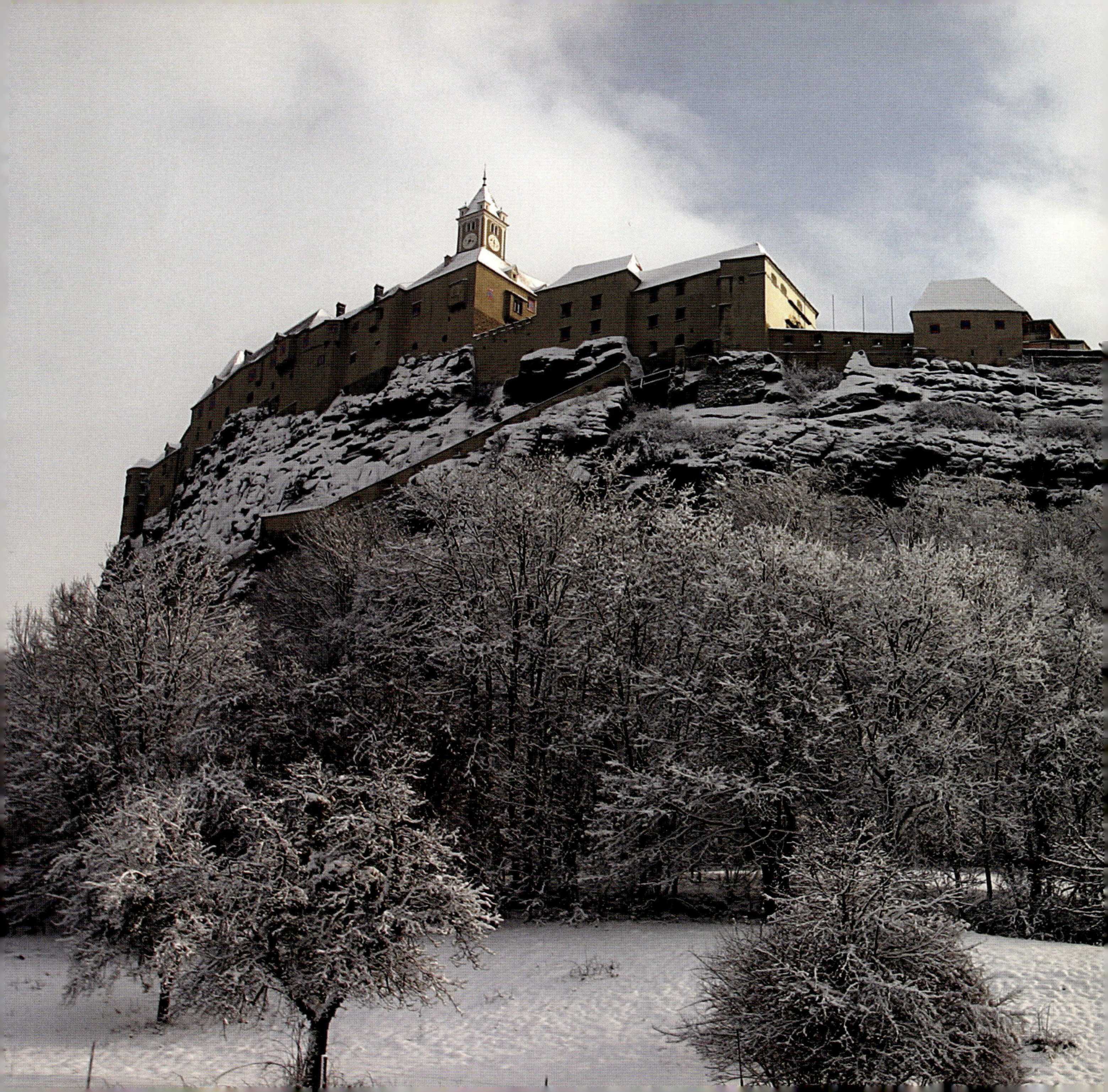

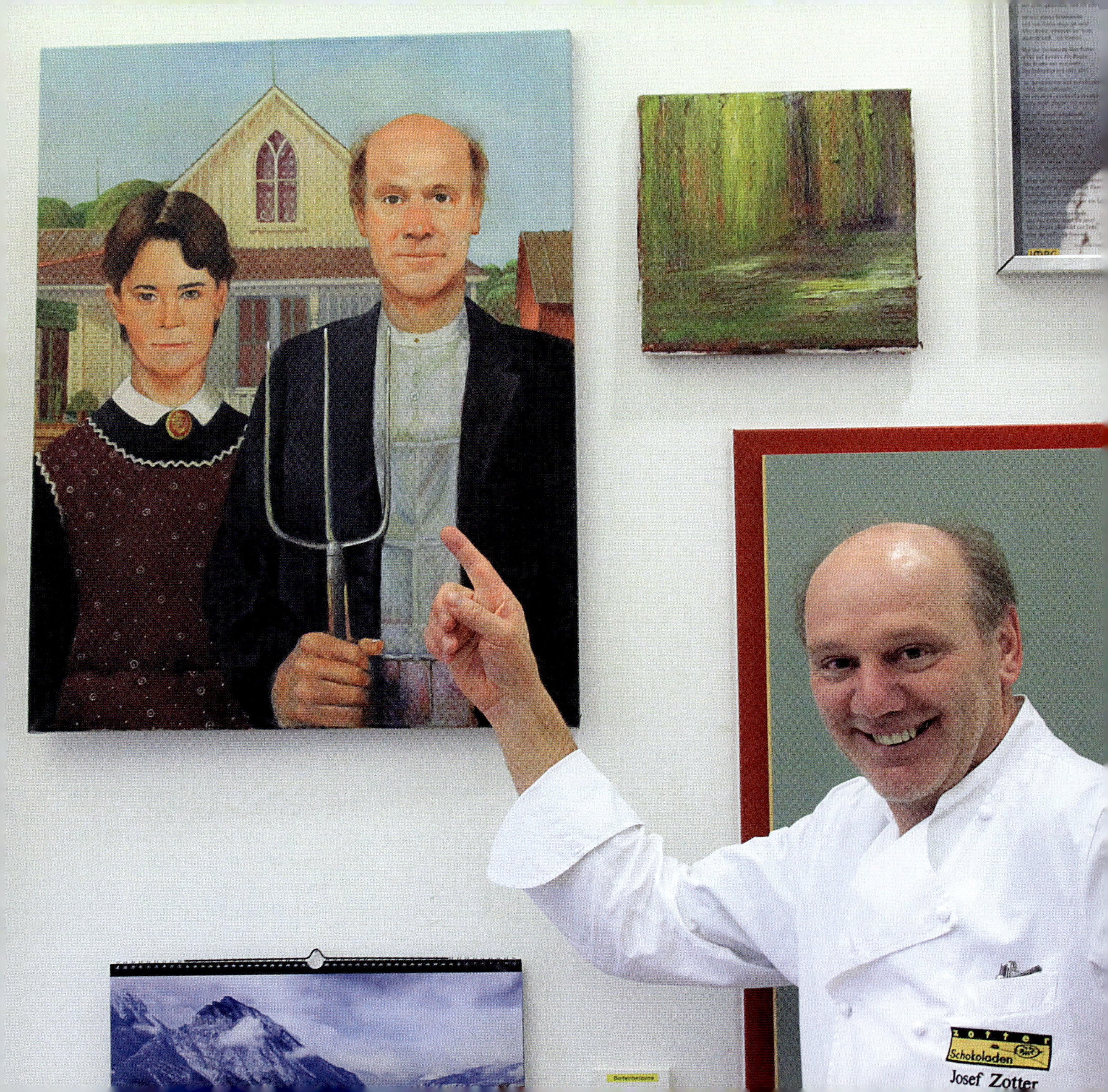
zotter
Schokoladen
Josef Zotter

DIE PIONIERE GÖLLES UND ZOTTER
Weil ihnen nichts zu blöd war

Ihre Betriebe sind nur ein paar Kilometer voneinander entfernt, auf verschiedenen Seiten der → Riegersburg. Und beide waren einmal Bauernhöfe der Väter. Heute führen die Söhne international renommierte Häuser, die begehrte Spitzenprodukte erzeugen. Wenn es so etwas wie Pioniere der kulinarischen Region Südoststeiermark gibt, dann sind es → **Alois Gölles** und → **Josef Zotter.** Der eine erzeugt Edelbrände und Essige von höchster Qualität, der andere hat die Schokolade neu erfunden.

Und wenn es Zufall ist, dass sich die beiden so nah beieinander etabliert haben, dann ist es Zufall der höheren Art. Gölles wie Zotter bekennen sich zu ihren bäuerlichen Wurzeln, aus denen sie immer wieder Inspiration und Kraft für Neues ziehen. Einiges davon ist wohl in den „essbaren Tiergarten" eingeflossen, den Zotter seiner Schokoladenmanufaktur in Bergl angeschlossen hat, oder in die Art, wie Gölles sein Genusshotel in Starzenberg in die Hügellandschaft eingepasst hat.

Alois Gölles begann 1979 mit dem Schnapsbrennen: „Wir waren ja Obstbauern. Aber das weiterzuveredeln, das hat mich fasziniert." Fünf Jahre später kam der Essig dazu. „Der war dann Ende der 80er-Jahre vergoren, aber unverkäuflich. Damals war das noch kein Thema. Wir haben das mit dem Schnaps sozusagen querfinanziert. Mitte der 90er-Jahre ist dann der Essig als Produkt so erkannt worden, dass sich das richtig gedreht hat." Von anfangs Apfelessig und Balsam-Apfelessig wurde das Sortiment laufend um neue Essenzen erweitert, etwa mit dem Saft von Himbeeren oder Paradeisern als Grundprodukte.

Heute ist der Balsam-Apfelessig Jahrgang 1984 ein Star im Schatzkästchen der „gläsernen" Gölles-Manufaktur in Stang bei Riegersburg, die ihrerseits zum Publikumsmagneten wurde. Im Frühjahr 2014 gab es eine Verkostung, deren Teilnehmer angesichts der geschmacklichen Offenbarung ins Schwärmen gerieten.

Im Rückblick verwundert es, warum in einer so obstreichen Gegend nicht auch andere auf die Erzeugung von hochwertigem Essig kamen. Gölles erklärt das so: „Der Prozess der Essigproduktion ist viel komplizierter als das Schnapsbrennen. Das geht nicht hobbymäßig. Du musst sehr, sehr genau arbeiten und jeden Tag kontrollieren, wie wenn du Vieh im Stall hast, das du auch täglich versorgen musst. Drum gibt's in ganz Österreich zwar insgesamt rund 25 000 Schnapsbrenner, aber vielleicht nur 25 oder maximal 40 Essigerzeuger."

LINKS: *Kreativer Macher mit Kunstsinn und Humor: Josef Zotter.*

Die Piegerl-Philosophie

Die klassischen Essige werden aus sortenreinen Weinen sowie aus steirischen Mostäpfeln und -birnen vergoren. Und da sind wir wieder bei den bäuerlichen Wurzeln. Wie in anderen Regionen genauso hatte im Südoststeirischen früher jeder Hof seinen selbst erzeugten Haustrunk. Das war meistens Most. Oft aber auch der sogenannte Piegerl (auch Pickerl, im Südburgenland Bigala): ein Verschnitt aus Weintrauben von Direktträgern, Mostäpfeln und/oder Mostbirnen. Dabei wurden Trauben vom hauseigenen Heckenklescher, meist von der blauen Isabella, und Mostobst entweder gleich gemeinsam gepresst – wenn es der Reifegrad zuließ –, das war dann sozusagen ein gemischter Satz. Oder Trauben und Obst wurden getrennt gepresst und dann zu einer Cuvée verschnitten, wenn man so will. Oder der Traubentrester wurde nachgewässert und noch einmal gepresst und dieser Saft dann dem Obstmost beigegeben – weil ja nichts verkommen durfte.

Jeder Hof hatte da seine eigenen Rezepturen, die wiederum von Ertrag und Reifezeitpunkt der Ingredienzien abhingen. Auf unserer „Huabn" in Mühldorf steht ein Denkmal für den Piegerl, das auf frühere Besitzer zurückgeht. Eine uralte Isabella-Rebe rankt sich hinauf bis in die obersten Zweige eines ebenso betagten Mostbirnenbaumes. Die Traubenernte ist jedes Mal eine akrobatische Herausforderung. Dafür gehorchen die reifen Birnen von selbst der Schwerkraft. Piegerl machen wir keinen, aber die Trauben schmecken umso besser, je mühsamer die Lese war. Und die Mostbirnen entfalten ihr würzig-feines Aroma, das man ihnen angesichts der eher derben Konsistenz nicht zutrauen würde, in Helgas Chutney-Kreation mit Chili.

Der Piegerl, den Alois Gölles kreiert hat, ist zwar nicht trinkbar, aber eine Hommage an diesen praktisch verschwundenen bäuerlichen Trunk. So heißt nämlich der von Gölles und Freunden 1993 gegründete Riegersburger Kulturverein. Erste Veranstaltung war eine Lesung mit Reinhard P. Gruber. Junge Kabarettisten wie Betty O oder Thomas Stipsits traten im „Piegerl" auf, ehe sie breiter bekannt wurden.

LINKS: *Essig und Schnaps als verflüssigte Lebensphilosophie: Alois Gölles.*

Man kann den Piegerl auch als Metapher für das verstehen, was in und mit der Südoststeiermark passiert ist: Etwas machen aus dem, was da ist. „Die klein strukturierte Landwirtschaft hat die Leute auch dazu erzogen, Hand anzulegen, hat sehr viele fleißige Menschen hervorgebracht", sagt Alois Gölles, der vier Geschwister hat. „Dieser Zugang, dass uns nichts zu blöd ist, dass wir alles gemacht haben – das ist vielleicht für viele bezeichnend hier. Viele von ihnen sind heute Spezialitätenerzeuger, und ich kenne keinen einzigen, der das durch Zufall geworden ist." Und dabei fällt ihm, wohl ebenso wenig zufällig, Josef Zotter ein. „Der hat auch von Anfang an arbeiten müssen. Es heißt ja nicht von ungefähr: 10 Prozent Inspiration und 90 Prozent Transpiration."

Den Schatz hüten

Vom Schwitzen kann Sepp Zotter, wie ihn Freunde und Bekannte nennen, gewiss einiges berichten. Die Geschichte, wie der junge Konditor mit seinem ersten Schokoladenprojekt in Graz scheiterte und dann im ehemaligen Stall des väterlichen Hofes, den er eigenhändig verflieste, neu begann, ist schon unzählige Male erzählt worden. Inzwischen pilgern Woche für Woche Tausende zum Schokotheater in Bergl, kosten sich durch immer neue Kreationen, erholen und stärken sich im „essbaren Tiergarten" und schmunzeln über Zotters Selbstironie im Friedhof der gescheiterten Projekte.

Eindeutig nicht zu diesen gehört das im Frühjahr 2014 eröffnete Zotter Chocolate Theater in der chinesischen Wirtschaftsmetropole Schanghai. Es funktioniert nach dem gleichen Prinzip wie das Stammhaus. Mit ihm hat sich der Steirer als Global Player etabliert. Und man kann sich die diebische Freude vorstellen, die er empfindet, wenn sein Haus bei diversen internationalen Events mit den Standorten „Bergl/Schanghai" präsentiert wird. Shanghai, ok. But where the f...k is Bergl? Die Shanghaier Dependence trägt übrigens einen Namen mit Doppelsinn: „Zheng de" bedeutet

„Hüte den Schatz" – und klingt ausgesprochen, wie wenn Chinesen „Zotter" sagen.

Wo hat der Schatz seinen Ursprung? Auch Zotter kommt auf die kleinstrukturierte Landwirtschaft zu sprechen und zeigt an seinem Bürofenster hinaus aufs Land: „Meine Eltern haben dort unten dreieinhalb Hektar bewirtschaftet und konnten davon leben. Und mein Vater wollte unbedingt, dass ich das fortführe. Aber Gott sei Dank bin ich mit 15 oder 16 weggelaufen. Ich wollte mich mit diesen Gegebenheiten nicht mehr auseinandersetzen, so wie das meine Eltern getan haben. Aber sie haben halt auch nicht auskönnen. Für sie als Nachkriegsgeneration ging's zunächst einmal ums Überleben." Dabei gesteht er dem Vater durchaus zu, auf seine Art ein Visionär gewesen zu sein: „Auf dreieinhalb Hektar hat er so viele Äpfel produziert, wie es, glaub' ich, bis heute niemand schafft: mit voller Kanne an Kunstdünger und Gift. Das hat mich geprägt und auf die andere Seite getrieben. Aber so ist es ja immer zwischen den Generationen."

Mit der „anderen Seite" meint Zotter sein Wirtschaften unter den Prinzipien ökologischer Nachhaltigkeit und mit fairen Preisen, die er etwa seinen Kakaobauern in Lateinamerika zahlt. Die unterstützt er auch finanziell, wenn sie auf Bioproduktion umsteigen. Einige hat er auf eigene Kosten nach Bergl geholt, um ihnen zu zeigen, was hier aus ihren Kakaobohnen wird, und damit ihr Selbstbewusstsein zu heben.

Was sein eigenes betrifft, so meint Sepp Zotter nicht ganz ohne Koketterie, er würde heute von dreieinhalb Hektar Land leben können und wisse ganz genau, wie: „Natürlich nicht mit Äpfelanbauen. Oder: Äpfelanbauen und einen super Cider daraus machen." Diesbezüglich kann er sich auf die Kreativität seiner Landsleute verlassen, auch wenn, wie er ironisch meint, „nicht jeder ein Zotter werden muss". Auf die Erzeugung edler Obstweine und Ciders gehen wir an anderer Stelle im Buch ein. Nicht nur dafür gilt, was der Schoko- und Lebenskünstler als Voraussetzung für gute Produkte umschreibt: „Man muss den Leuten wirklich sagen: Aus mit der Bauernschläue – Sie wissen, was ich meine. Der Bauer muss das machen, was er selber gerne hätte. Dann ist er automatisch erfolgreich." ■

DIE PIONIERE GÖLLES UND ZOTTER

Adressen

→ **GÖLLES Manufaktur für edlen Brand & feinen Essig**
Stang 52 , 8333 Riegersburg
Tel. 03153/7555
obst@goelles.at
www.goelles.at

→ **Zotter Schokoladen**
Bergl 56, 8333 Riegersburg
Tel. 03152/5554
schokolade@zotter.at
www.zotter.at

→ www.riegersburg.com

LINKS: *Denkmal für den Piegerl: Symbiose von Isabella-Traube und Mostbirne.*

DIE LANDSCHAFT

Terra Vulcania

Vor etwa 17 Millionen Jahren brach der Vulkan von Gleichenberg zum ersten Mal aus. Dann war er nicht weniger als 5 Millionen Jahre lang aktiv. Den Gleichenberger Kogeln mit ihren sanften Rundungen glaubt man es kaum, dass sie die Überreste des einstigen Wüterichs sind. Alle anderen Namensgeber der Region haben zwar Millionen Jahre weniger auf dem Buckel, prägen aber ebenso das Landschaftsbild des Steirischen Vulkanlandes, dieser „Terra Vulcania", die inzwischen dem großen sommerlichen Weinfest in St. Anna am Aigen ihren Namen leiht. (Siehe Kapitel Feste.) Dorthin fällt der Stradner Kogel, mit 609 Meter die höchste Erhebung, mit seiner Ostflanke ab. Auf ihr breiten sich die Weingärten wie ein enfalteter Fächer aus.

Auf einem ehemaligen Vulkan steht auch die Riegersburg – besonders schön zu sehen vom ebenfalls vulkanischen Kapfenstein. Dessen früherer Name *Caphenstein* weist auf seine uralte Beliebtheit als Aussichtspunkt hin: das mittelhochdeutsche *caphen* bedeutet nichts anderes als „gaffen".

Wie die Riegersburg wurde auch die Burg Kapfenstein als Grenzfestung gegen Osten erbaut. Das heutige Schloss beherbergt das wohl schönste Hotel der Region und ein haubengekröntes Restaurant. Das hauseigene Weingut zählt ebenfalls zu den absoluten Spitzenbetrieben. Seit 1918 ist Schloss Kapfenstein im Besitz der Familie Winkler-Hermaden. Der Geologe Arthur Winkler-Hermaden, Sohn des ersten Besitzers, eines ehemaligen k. u. k. Feldmarschallleutnants, wurde mit seinen Forschungen gewissermaßen zum geistigen Vater des Steirischen Vulkanlandes.

Von der Schlossterrasse aus lässt sich die Inspiration nachvollziehen, die der Wissenschafter aus diesem wunderbaren Platz für seine Arbeit gezogen haben muss. Das Panorama ist schlicht überwältigend. Nicht weit entfernt liegt das Dreiländereck Österreich-Ungarn-Slowenien. Aber die Landschaft kümmert sich nicht um Staatsgrenzen. Zugleich erschließt sich hier ganz unmittelbar die Bedeutung des Wortes Vulkanland. Mit seiner Lage, seiner Geschichte und seiner Gegenwart – geologisch, familiär und gastronomisch – ist Schloss Kapfenstein so etwas wie der Nukleus der südoststeirischen Genuss- und Erholungsregion.

Und es macht das Wesen dieser archaischen und zugleich so ans Herz gehenden Natur- und Kulturlandschaft aus, dass es noch viele andere Plätze mit ähnlicher Wirkung gibt. Plätze, die man auch ohne esoterische Veranlagung getrost magisch nennen kann, und die man am besten erwandert, um ihr ganzes Potenzial auszuloten.

RECHTS: *Archaischer Kraftplatz: der Waltrafelsen bei St. Anna/Aigen.*

Da gibt es, zum Beispiel, südlich von St. Stefan im Rosental den Glojachberg mit der Kapelle, die wahrscheinlich auf einem früheren keltischen Kultort steht. Hier liegen nach Überzeugung der Geomantiker, auf die wir noch zurückkommen werden, zwei Kraftplätze, die sich positiv auf Wirbelsäule, Brust- und Bauchregion, Herz und Kreislauf auswirken. Wie auch immer – der Magie dieses Fleckens kann sich kaum jemand entziehen. Nur 468 Meter hoch ist der „Berg" von Glojach. Aber weil nichts die Sicht behindert, bietet er einen 360-Grad-Rundblick von der Koralpe im Westen über Gleinalm, Schöckl, Wilder Wechsel, Fischbacher Alpen, Bucklige Welt, Riegersburg, Kapfenstein, die Gleichenberger und den Stradner Kogel, Königsberg, die Windischen Bühel in der Štajerska, der slowenischen Untersteiermark, den Bachern/Pohorje bei Marburg/Maribor, Remschnigg und zurück zur Koralpe. Was für ein Land!

Eine kleine Andacht sind auch die Frittaten wert, die die Wirtin im Gasthaus Leber am Fuße des Hügels macht. Bessere haben wir nirgends gegessen. Hauseigenen Wein gibt es auch, darunter den halbtrockenen Glojacher Schilcher, der am besten zum Dessert passt.

Der Waltrafelsen, zwischen Kapfenstein und St. Anna gelegen, ist ein anderer dieser Kraftplätze. Er stellt den östlichen Rand der Vulkanplatte des Stradner Kogels dar. Der Felsen entstand durch einen Abbruch der Basaltplatten. Der letzte Felssturz ereignete sich Anfang des 20. Jahrhunderts. Der Weg auf die Anhöhe, die wiederum ein prächtiges Panorama freigibt, führt mitten durch archaisches, grün überwuchertes Basaltchaos. Ein Felssturz soll auch die Siedlung, die in der Kupferzeit vor über 5000 Jahren bestand, zerstört haben. Vermutlich ist damals ein Höhlensystem eingestürzt, das rituellen Zwecken diente. Auf der Info-Tafel heißt es kurz und bündig: „Unter den Felstrümmern wird noch einiges an historischen Funden vermutet, die Bergung ist jedoch zu kostspielig."

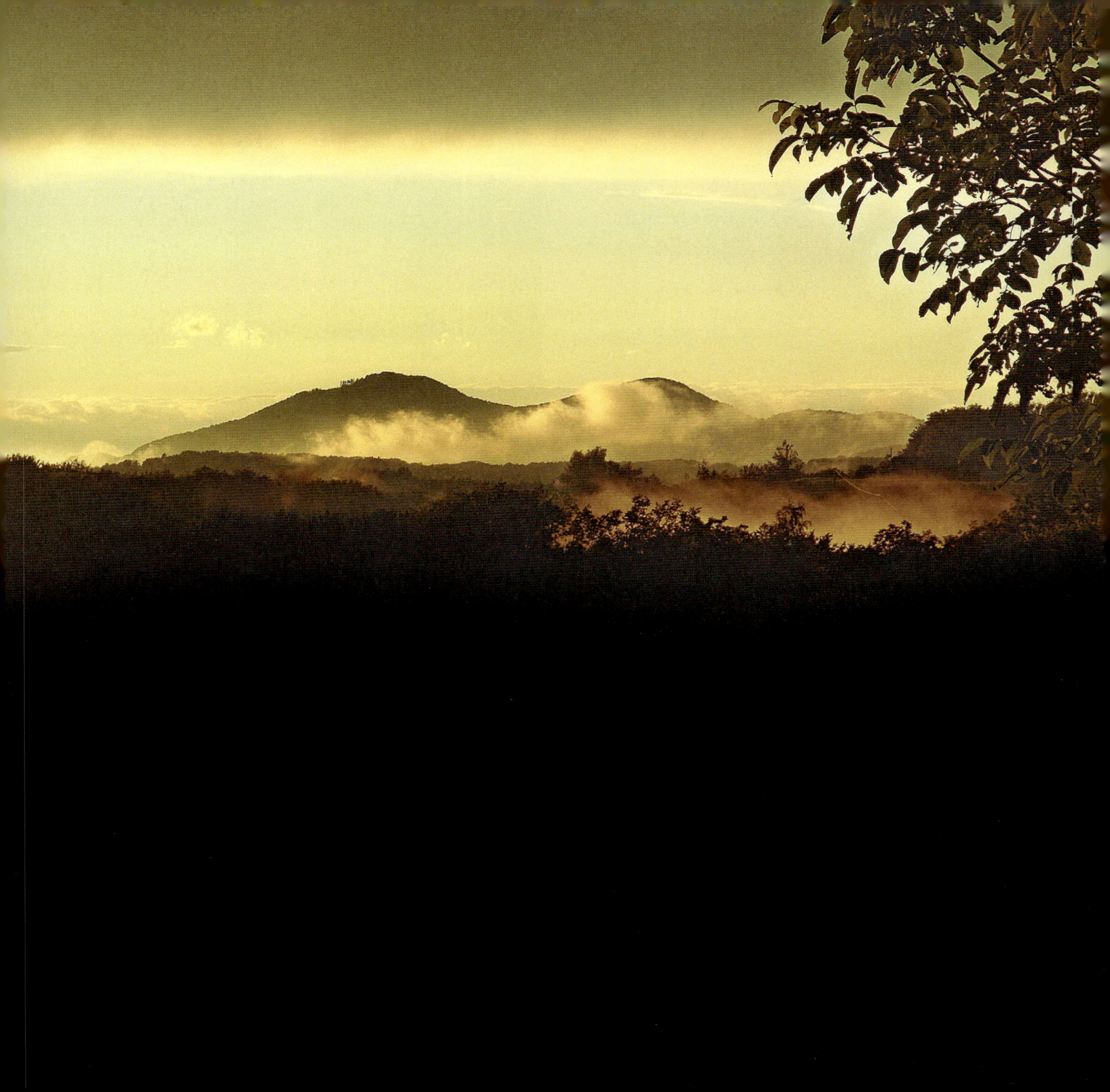

LINKS: *Reste eines mehr als 15 Millionen Jahre alten Vulkans und Namensgeber des Kurortes: die „gleichen Berge", offiziell Gleichenberger Kogel.*

RECHTS: *Blick in die Ferne und in die Tiefe: die Kapelle von Glojach.*

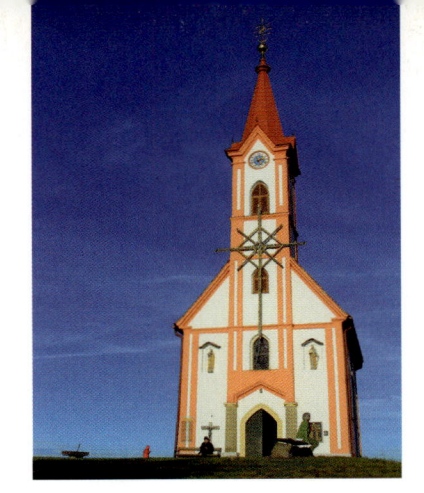

Mehr als Materie

Für die Wirkung des Ortes ist dies ohnehin nebensächlich. Damit sind wir bei der Geomantie. Sie befasst sich mit den Kräften, die zwischen dem Menschen und dem Kosmos, in dem er lebt, wirken. Dabei geht es besonders um den Einfluss, den nichtstoffliche Faktoren der Landschaft auf das menschliche Befinden ausüben. Nach herkömmlichen Kriterien ist die Geomantie keine Wissenschaft. Ihre Vertreter definieren sie als „Kunst und empirische Wissenschaft". Und sie verweisen unter anderem darauf, dass viele Besucher des Steirischen Vulkanlandes, die an schmerzhaften Erkrankungen leiden, von Schmerzlinderung schon nach kurzem Verweilen in der Landschaft berichten.

Pionier der Geomantie ist der gebürtige Feldbacher Erwin Frohmann, der als außerordentlicher Professor am Institut für Landschaftsarchitektur der Wiener Universität für Bodenkultur tätig ist. Gemeinsam mit dem Regionalentwickler Christian Krotschek hat er das Buch „Geomantie im Steirischen Vulkanland" verfasst.

Die Geomantie stand auch bei der Gestaltung der Vulkanland-Wanderkarte Pate. Sie stellt das 600 Kilometer lange Wanderwegenetz entlang der Spuren der Vulkane anhand eines menschlichen Abbildes dar. Die Tagesetappen (jeweils eine bis vier) nennen sich Spirituelles Dach, Kopfspur, Rückgrat, Handspur, Um die Mitte und Fußspur. Neben Landschaftsimpulsen, Sehenswürdigkeiten und Handwerksbetrieben sind kulinarische Adressen (Gasthäuser, Buschenschanken, Produzenten, Manufakturen, Hofläden etc.) und Unterkunftsmöglichkeiten eingezeichnet und aufgelistet. Zusammen sind es weit mehr als 400. Da wird es zu einer wahren Herkulesaufgabe, „Lebensraum und Lebenskultur der Region ganzheitlich zu erfahren", wie es im Begleittext heißt.

Aber man muss kein Geomantiker sein, um zu spüren: die Kraft der Vulkane stärkt nicht nur körperlich und seelisch, sie wirkt auch sehr appetitanregend. ■

DIE ÖLE
Öhll!

Klischees und Geschichten um das Kernöl gibt es so zahlreich wie Kürbiskerne in der Steiermark. Das „schwarze Gold der Steirer" und ein ob seines politischen Programmes als „Kernölkommunist" titulierter Landeshauptmann sind nur zwei Beispiele. „Wir Steirer haben unser eigenes Öl", steht im Verkaufsraum einer Ölmühle bei Straden.

Das alles verstärkt den Mythos dieses in der Tat einzigartigen Produkts. Zugleich aber wird er – scheinbar paradoxerweise – durch die steigende Nachfrage gefährdet. „Echtes Kürbiskernöl" kann auch von chinesischen Kernen stammen und ganz gut schmecken. Aber nicht nur für Kernöl-Puristen hört sich hier der Spaß auf.

„Steirisches Kürbiskernöl" ist ein EU-geschützter Markenbegriff. Die entsprechende Banderole auf der Flasche garantiert, dass der Inhalt ausschließlich aus steirischen Kernen gepresst wurde. Versuche im slowenischen Teil der Steiermark, der Štajerska, ebenfalls „steirisches Kürbiskernöl" auf den Markt zu bringen, wurden von den österreichischen Steirern erfolgreich abgewehrt: die regionale Herkunftsgarantie des Rohprodukts wäre nicht gegeben gewesen. Für die Konsumenten ist das gut, weil sie wissen, was sie bekommen. Für die grenzüberschreitende regionale Zusammenarbeit weniger. Schließlich heißt es im noch immer gültigen Text der steirischen Landeshymne: „... bis ins Rebenland im Tal der Drav (Drau)", womit die slowenische Untersteiermak gemeint ist. Aber immerhin gibt es, gerade unter steirischen Winzern beiderseits der Grenze, schon vielversprechende Beispiele der Kooperation.

Zurück zu Mythos und Realität. Aus der Verwandtschaft des Autors wird berichtet, das erste Wort eines knapp zweijährigen Nachkommen sei nicht Mama oder Papa gewesen, sondern „Öhll". Kein Wunder, hatte der Bub doch schon als Baby in der elterlichen Ölmühle die Herstellung des schwarzen Goldes miterlebt.

Und die geht so: Die getrockneten Kürbiskerne werden zwei Mal gereinigt und dann gemahlen. Im Kneter wird unter Zugabe von Salz und Wasser ein Teig gerührt. Der kommt in die Röstpfanne, wo er, je nach Qualität der Kerne, eine bis eineinhalb Stunden auf maximal 115 Grad erhitzt wird. Dann erfolgt die Pressung. Dass die Höchsttemperatur nicht überschritten wird, ist für die Qualität des Öls, neben dem Grundprodukt, ganz entscheidend. Die Ausbeute ist für den Laien einigermaßen erstaunlich: aus durchschnittlich 2,5 Kilo Kernen gewinnt man einen Liter Öl. Nach dem Pressen „sitzt" das Öl im Stahltank drei bis vier Tage bei Raumtemperatur ab, ehe es in Flaschen gefüllt wird. Bei dunkler und kühler Lagerung ist es ein Jahr haltbar.

OBEN: *Idyllisch, aber harte Arbeit und nur noch selten: händisches Auslösen der Kürbiskerne.*

LINKS: *Offenes Kern- und Rapsöl gibt es, beispielsweise, in der Weinhandl-Mühle in Dirnbach bei Straden.*

Eine ausgesprochene Rarität ist kaltgepresstes Kürbiskernöl, wie es etwa die Familie Unger (siehe Tour 2) auf Bestellung herstellt. Dabei werden die Kerne in einer Schnecke sanft gequetscht und dann tatsächlich kalt gepresst. Die Ausbeute ist nur halb so groß wie beim warmen Presskuchen, der Preis entsprechend höher.

Apropos dunkel: Gutes Kernöl erkennt man zunächst an der dunkelgrünen bis schwarzen Farbe. Ein Braunton zeugt von eher minderer Qualität. Die Verfärbung entsteht aber auch durch Einwirkung von Sonnenlicht. Der fotochemische Prozess macht das Öl bitter – und Kernölflecken auf der Kleidung auswaschbar.

Es gibt aber noch ein anderes Öl, das in der Südoststeiermark in besonderer Qualität erzeugt wird, und seine Farbe erinnert weit mehr an Gold: das Rapsöl. Mit seinem nussigen Geschmack eignet es sich

REZEPT *Helga Kirchengast*

Kürbisgemüse

Für 4 Personen

- 1 mittelgroßer steirischer Ölkürbis
- 1 mittlere Stange Lauch
- 4 EL Sonnenblumenöl, kalt gepresst
- 2 Knoblauchzehen
- 2 EL edelsüßes Paprikapulver
- Salz
- Pfeffer
- Thymian
- Majoran
- Kümmel
- 1 EL Essig
- Chili für alle, die es scharf lieben
- etwas Sauerrahm

1 Kürbis schälen und entkernen, 1/3 des Kürbis grob raspeln, den Rest nudelig schneiden (oder man nimmt einfach 1 kg vom fertig gehobelten Kürbis, der auf jeden Bauernmarkt in der Südoststeiermark zu finden ist) und einsalzen. Ca. 1/2 Stunde stehen lassen.

2 In der Zwischenzeit den gewaschenen Lauch in feine Ringe schneiden und in einer größeren Rein im Öl rösten, bis er Farbe bekommt, den gehackten Knoblauch und das Paprikapulver dazugeben, umrühren, dann den leicht ausgedrückten Kürbis hinzufügen. Würzen und kochen, bis er weich, aber noch bissfest ist.

3 Mit einem Klecks Sauerrahm servieren.

TIPP: *Das Kürbisgemüse kann man sowohl als Hauptspeise mit Petersilerdäpfeln oder als Beilage zu Schweinsbraten, gekochtem Rindfleisch oder diversen gebratenen Würsten genießen.*

Traditionell wird in der Region das Kürbisgemüse eingebrannt, das heißt zum Schluss wird noch eine Einbrenn aus Öl und Mehl in das Gemüse eingerührt und kurz mitgekocht.

RECHTS: *Stillleben mit Kürbisblüten, Kernen, Presskuchen und Öl.*

DIE ÖLE

→ **Kernöl in guter Qualität** gibt in fast jedem Hof- bzw. Bauernladen, auf Bauernmärkten oder ab Hof, siehe Gesamtverzeichnis ab S. 176

besonders gut für bestimmte Salate aus Kraut und/oder Paradeisern, an den hellgrünen, kleinblättrigen „Zupfsalat" (auch Schnittsalat genannt) im Frühsommer oder den berühmten Grazer Krauthäuptel, der übrigens in Sowenien Laibacher Krauthäuptel genannt wird. Wegen seiner mehrfach ungesättigten Fettsäuren ist Rapsöl so gesund wie gutes Olivenöl. Gemeint ist natürlich nicht das industriell raffinierte, farblose Öl aus dem Supermarkt, sondern schonend gepresstes Rapsöl mit seiner typischen, goldgelben Farbe. In besonders guter Qualität ist es in mehreren Ölmühlen der Südoststeiermark erhältlich. (Siehe Anhang.)

Was das Kernöl betrifft, so ist es schon lange nicht mehr das einzige bemerkenswerte Produkt des Kürbisinhalts. Die Palette reicht von den beliebten Knabberkernen in verschiedensten Varianten über Gebäck, Kuchen und Torten bis hin zu Pesto auf Kürbiskern-Basis. Letzteres passt, wie das klassische Basilikum-Pesto, nicht nur zu Nudeln, sondern besonders gut auch zu Käse und Rohschinken. Wer einmal die unglaublich einfallsreichen und vielfältigen Kreationen von Sabine Putz in der Greißlerei in Brunn bei Fehring (siehe Tour 1) kennengelernt hat, kann wirklich nur noch, gemäß dem Slogan des Hauses, sagen: Pestonarrisch! ■

DIE SPRACHE
Doutzi Sochn

„Und viele Außenstehende, was net in dem Ort aufgwochsn san und net in dem Bezirk aufgwochsn san – wal Graz is jo dou scho wieder gaunz was aundares – verstejngan des goar net. Und i glaub, sej finden's eher lächerlich oder lustig, wal si's lustig aunheart für sejnan."

Ja, Außenstehende finden ihn meist lustig, den südoststeirischen Dialekt. Untersteirisch nennen ihn manche. Das ist zwar, mit Blick auf die in Slowenien liegende historische Untersteiermark, nicht korrekt. Andererseits aber auch nicht ganz falsch. Denn aus etwas Entfernung kann es sehr ähnlich klingen, wenn sich Südoststeirer und slowenische Untersteirer in ihrer jeweiligen Umgangssprache unterhalten. Die vielen „ou" und „au" verdichten sich zu dem, was „sejnan", den Außenstehenden, dann wie das vielzitierte Bellen klingt.

Deutsch oder Slowenisch zu beherrschen, nützt dabei fürs Erste gar nichts. Da muss man sich schon ein bisschen einhören. Den Schülern einer südoststeirischen Lehrerin, die ihr Probejahr in Schladming – immerhin im selben Bundesland – absolvierte, ist dies anfangs nicht ganz leicht gefallen. In einer Buschenschank kamen wir mit der zufälligen Tischnachbarin auf das Thema Dialekt zu sprechen. Die junge Dame zitierte aus dem Aufsatz eines ihrer obersteirischen Schützlinge: „Wir haben unsere neue Lehrerin gern, obwohl sie eine fremde Sprache spricht." Dabei stand völlig außer Zweifel, dass die Pädagogin die Schriftsprache einwandfrei beherrschte. Aber ihre Herkunft konnte – und wollte – sie vielleicht nicht verleugnen.

Der junge Feldbacher Linguist Jakob Anton Paul Wiedner hat sich des Themas grundsätzlicher angenommen. In seiner Diplomarbeit untersuchte er „Die Sprache junger Menschen in der Südoststeiermark". Die eingangs zitierten Dialektsätze stammen aus einem der Interviews, die er mit jungen Leuten geführt hat. Die Gespräche sind vielleicht nicht repräsentativ, vermitteln aber einen durchaus bewussten, auch kritischen Umgang mit der Sprache und den im Alltag praktizierten Varianten, die meist Mischformen sind. Auch hier – ob in der Bejahung oder Ablehnung des Dialekts – kann man Zeichen des Selbstbewusstseins einer einst „rückständigen" Region erkennen.

RECHTS: *Wie der Schnabel gewachsen ist: Tratsch-Theater beim „Khünegger Landleben".*

Gasthaus
zum
„Tratscherl"

Der Wein ist schlecht
das Essen auch
doch das ist halt
bei uns so Brauch.

LINKS: *Wie der Schnabel gewachsen ist II: Wolfgang Wiedner, 2 Pirole, 2010.*

RECHTS: *Unkomplizierte Kommunikation mit Humor: Gleichenberger Bauernmarkt.*

Was Gemeinsamkeiten mit dem Slowenischen betrifft, auf die Wiedner in seiner Arbeit ebenfalls eingeht, sei hier nur ein Beispiel erwähnt: Das Wort „Hetscherl" (für Hagebutte), das bis zum nördlichen Rand der Südoststeiermark gebräuchlich ist, kann als „Hetschepetsche" auf das slowenische *šipejče* mit derselben Bedeutung zurückgeführt werden.

Die ältere Generation kümmert sich um derlei Erkundungen und Reflexionen eher wenig und redet einfach weiter, wie ihr der Schnabel gewachsen ist. Das erfordert bei Besuchern neben Einhör- auch Einfühlvermögen. Dabei ist ein praktisch universell einsetzbares Hilfswort von unschätzbarem Wert, was schon daraus hervorgeht, dass es von den Einheimischen ausgiebig eingesetzt wird. Mag es sonstwo im deutschen Sprachraum Dingsda sein, hier sagt man „Sochn" zu etwas, dessen Namen man gerade nicht parat hat. Und dabei befindet man sich sozusagen in bester europäischer Gesellschaft: Bei den Franzosen ist es *truc*. Erhält die Sache zusätzlich den Artikel „doutzi" (diese), ist fast jedes Missverständnis ausgeschlossen.

Sollte aber immer noch nicht alles klar sein, folgt die endgültige Präzisierung: Doutzi Sochn, woaßt scho. Was übrigens – und da soll einer an der Weltoffenheit der Südoststeirer zweifeln – die exakte Übersetzung des französischen *Ce truc-là, tu sais* ist. Ist eine Sache einmal abgemacht, dann wird das hier allerdings nicht mit der Welteinheitsformel „Okay" besiegelt, sondern mit einem „Passt!". Und das bedeutet in 99 von 100 Fällen: I los di net hängen. ■

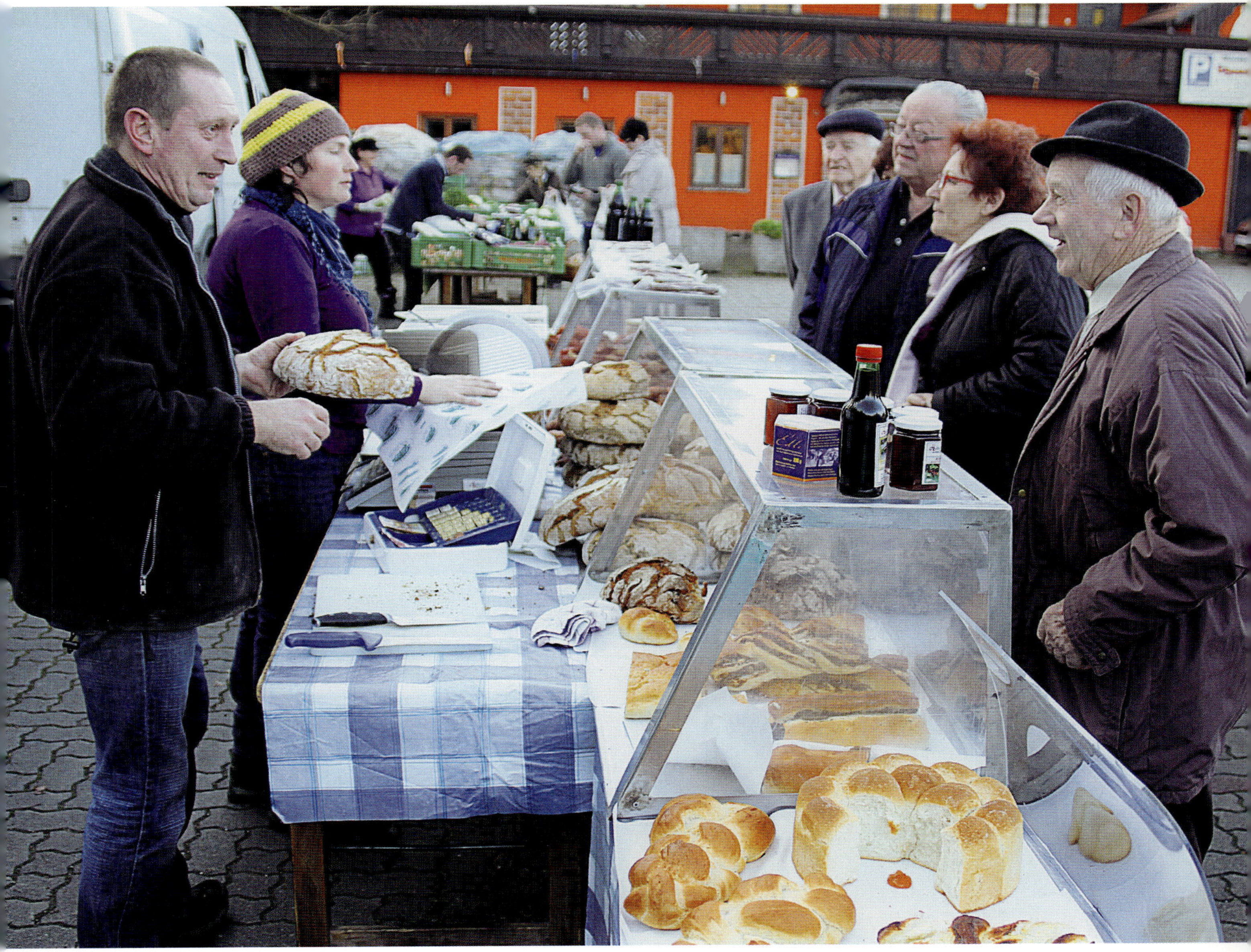

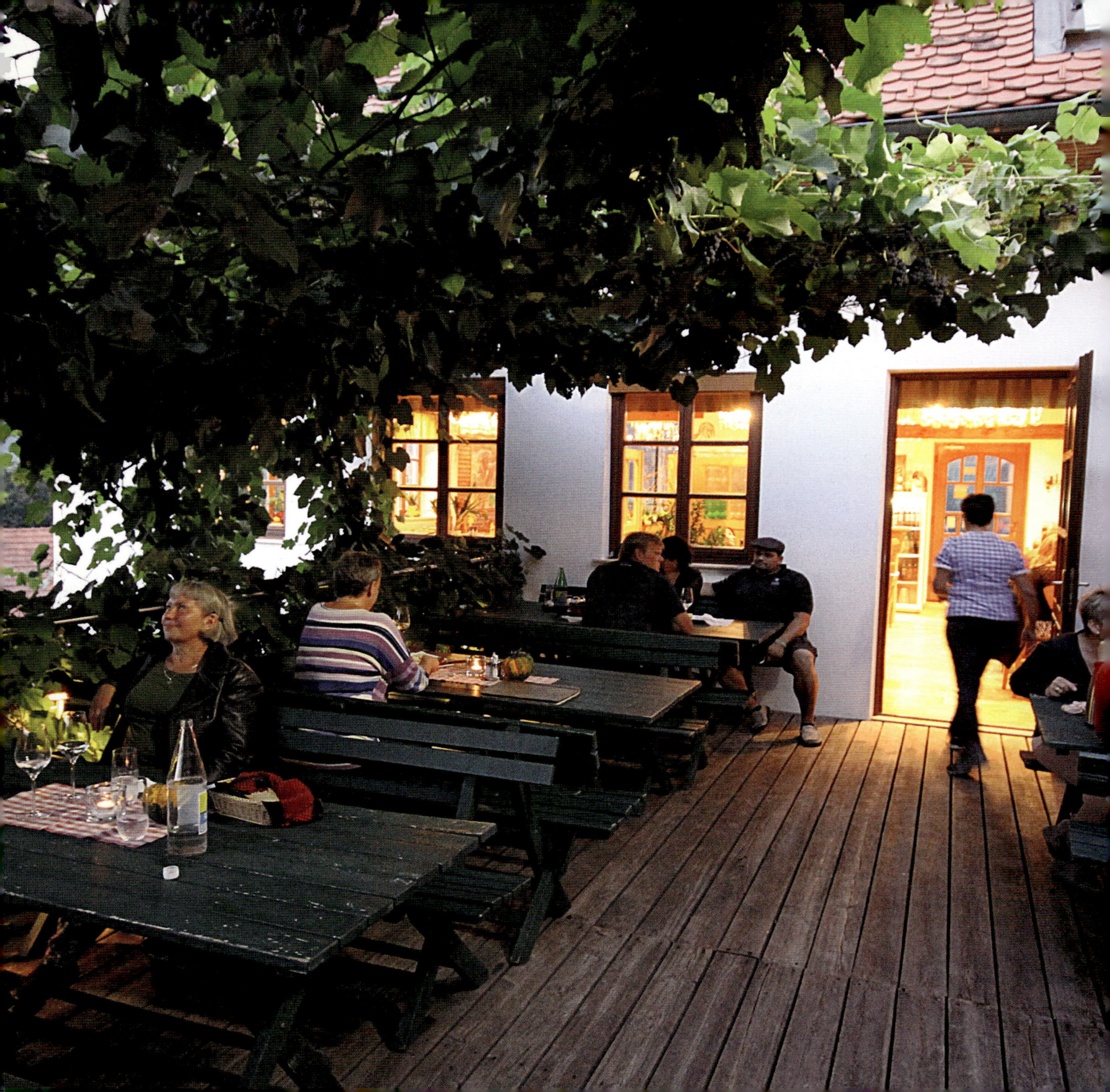

DIE BUSCHENSCHANK

Das kleine Glück

Die Schank, der Ausschank, die Schenke. Die oder der Buschenschank? Für Alexandra Monschein gibt es keinen Zweifel: Buschenschank ist weiblich. Aber nicht, weil dies der korrekten Grammatik entspricht. Sie meint das Wesen dieser legendären gastronomischen Institution und das, was ihren Charme ausmacht.

„Wenn Frauen beieinander sitzen, reden sie über anderes als Männer: Familie, Zukunft, emotionale Dinge." Und das gelte nicht nur für die Gespräche unter den Buschenschankgästen, sondern auch für Kommunikation und Kooperation zwischen den Betrieben. Früher, als noch mehr die Männer bestimmten, habe man meist nebeneinander hergelebt und -gewirtschaftet. „Heute helfen wir uns gegenseitig." Dies gelte vor allem für die jüngere Generation.

Die Qualitätsmarke, die der Monschein-Betrieb in Schwabau bei Straden trägt, lautet pikanterweise „Ausgezeichneter Buschenschank". Die Schöpfer des gesamtösterreichischen Qualitätslabels waren offensichtlich Männer. Aber das macht nichts. Mit ihren 35 Lenzen ist Alexandra Monschein Obfrau aller rund 800 (!) steirischen Buschenschanken und Sprecherin der 71 „ausgezeichneten". Im Vulkanland sind es etwa 140 Betriebe, davon 15 „ausgezeichnete".

Die Qualitätskriterien des Gütesiegels: mindestens die Hälfte der angebotenen Weine müssen Qualitätsweine sein; gute Glaskultur; mindestens drei verschiedene Fruchtsäfte aus eigener Erzeugung; Fleischprodukte müssen im eigenen Haus veredelt oder von

LINKS: *Geborgenheit und Lebensfreude: zum Beispiel beim Scharl in St. Anna/Aigen.*

RECHTS: *Beim Bernhart in Riegersburg gibt's aber auch vegane Jause.*

einem Direkvermarkter geliefert werden; der angebotene Fisch muss aus steirischen Gewässern stammen; mindestens vier österreichische Käsesorten; und: Familienfreundlichkeit (Kinderjause, Spielplatz).

Letzteres bedürfte freilich keiner besonderen Betonung. Sind doch die allermeisten Buschenschanken generationenübergreifende Familienbetriebe. Das gilt auch für die Monscheins. Das köstliche Brot, das allein einen Besuch lohnt, wird von Alexandras Schwiegermutter gebacken, die eigene Mutter hilft ebenfalls im Betrieb mit. Um den (immer wieder prämiierten) Wein kümmert sich die Chefin als ausgebildete Önologin selbst, unterstützt von ihrem Ehemann Klaus, der den Elektrikerberuf aufgab, als der Betrieb gegründet wurde. In der Buschenschank macht es Tochter Anja (12) und Sohn Nikolas (9) hin und wieder Spaß, mitanzupacken.

Dass zahlreiche andere Buschenschanken die genannten Qualitätskriterien erfüllen, ohne die Auszeichnung zu führen und viel Aufhebens darum zu machen, werden Kenner der Verhältnisse (und zu ihnen zählt sich auch der Autor) bestätigen. In gewisser Weise ist jede etwas Besonderes – sei es durch Lage, Angebot oder Atmosphäre. Ein jüngst von der Südoststeiermark-Ausgabe der „Woche" publizierter Buschenschank-Wegweiser leistet wertvolle Orientierungshilfe und enthält alle wichtigen Informationen wie Lage und Öffnungszeiten.

Wenngleich die mehr oder weniger „fleischliche" Brettjause – in immer kreativeren Variationen – das kulinarische Herzstück der Buschenschank bleibt, finden auch Vegetarier und Veganer in vielen Betrieben schmackhafte Angebote. Der Käferbohnensalat mit Kernöl etwa war schon ein veganer Klassiker, lange bevor es den Begriff überhaupt gab.

Produkte aus eigener Erzeugung oder von Produzenten, die so nahe wie möglich liegen – das ist die Grundphilosophie der Buschenschank. Die „Ausge-

LINKS: *Auch drinnen gemütlich: Buschenschank Dunkl bei Straden.*

MITTE: *Familien-Team: Alexandra und Klaus Monschein mit Kindern Anja und Nikolas.*

RECHTS: *Eine Einladung, die man schwerlich ausschlägt.*

zeichneten Buschenschanken" der Südoststeiermark nehmen das besonders ernst und haben sich zum Ziel gesetzt, die Brettljause mit dem besten, sprich geringsten, „ökologischen Fußabdruck" in ganz Österreich zu servieren. Damit stehen sie keinem Geringeren als Kaiser Joseph II. in der Pflicht. Der wurde vor 230 Jahren zum offiziellen Gründungsvater der Buschenschank. Am 17. August 1784 erteilte der reformfreudige Monarch mit einer sogenannten Zirkularverordnung die Erlaubnis für jedermann, die selbst erzeugten Lebensmittel sowie den selbst produzierten Wein und Obstmost „zu allen Zeiten des Jahres, wie, wann und in welchem Preise er will", zu verkaufen oder auszuschenken. Eine wahrhaft revolutionäre Tat, die heute alle Bürokraten und Reglementierer jäh erbleichen lassen würde.

Konsumentennahe Versorgung, Regionalität, Nachhaltigkeit – damit würde eine solche Verordnung heute wohl begründet. Das beweist den Weitblick Josephs II. Mit vielen seiner Reformen überforderte er seine Zeitgenossen und musste sie zurücknehmen (etwa den wiederverwendbaren Sarg mit klappbarem Boden). Die Buschenschank überdauerte die Zeiten. Das aber wohl vor allem deshalb, weil sie für maßvollen, heiteren Genuss und Lebensfreude steht.

„Willst du immer weiter schweifen? Sieh, das Gute liegt so nah. Lerne nur, das Glück ergreifen, denn das Glück ist immer da." Dass Goethe, der ein Zeitgenosse Josephs II. war, bei seinen ausgedehnten Reisen einmal in einer südoststeirischen Weinschenke einkehrte, ist nicht überliefert. Aber seine Zeilen könnten auch auf das kleine Glück der Buschenschank gemünzt sein, das in dieser Region überall ganz nah ist. ■

NÄCHSTE SEITE: *Südöstliche Harmonie mit Höhepunkt: ein besonderer Blick auf die Riegersburg.*

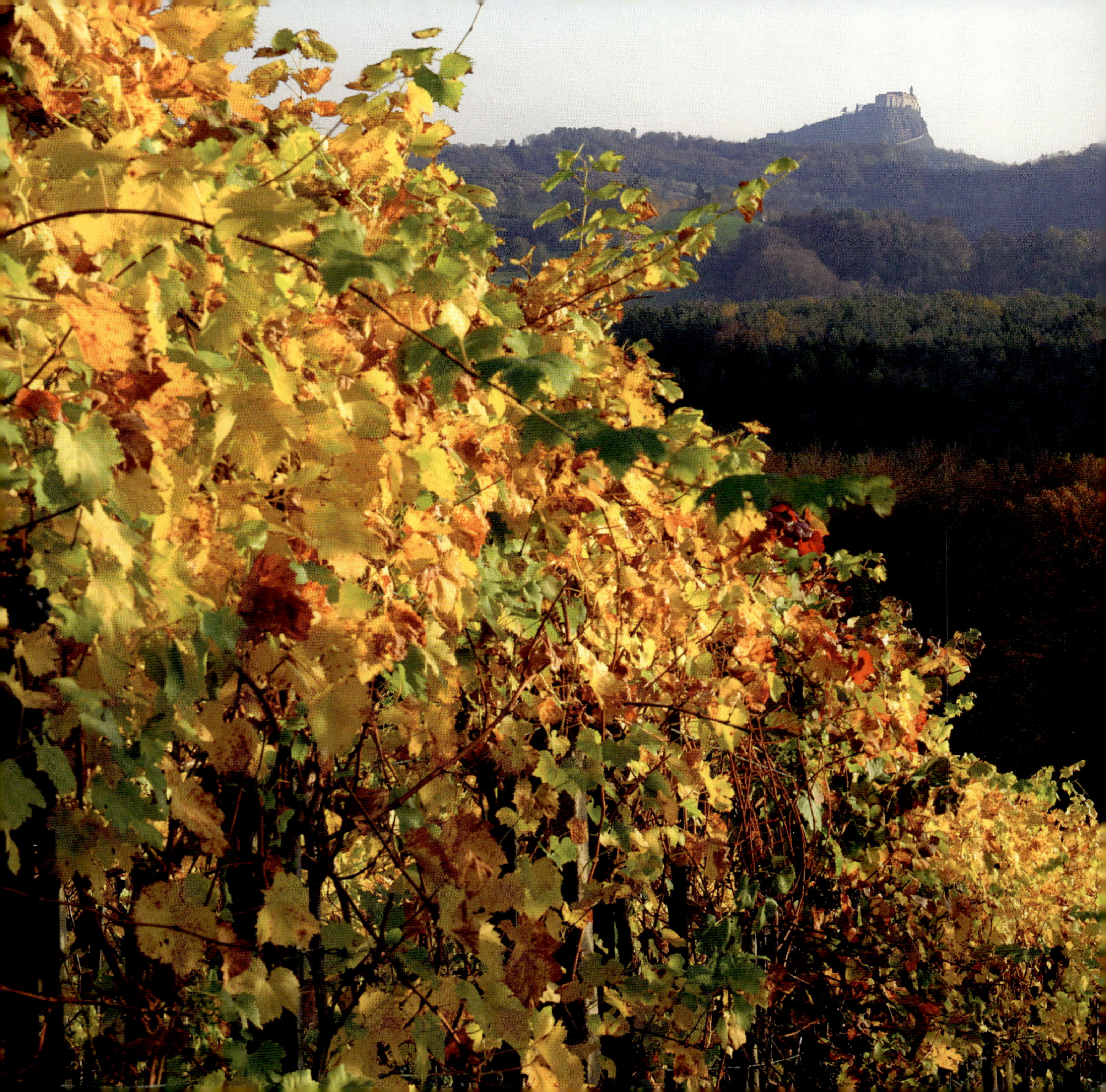

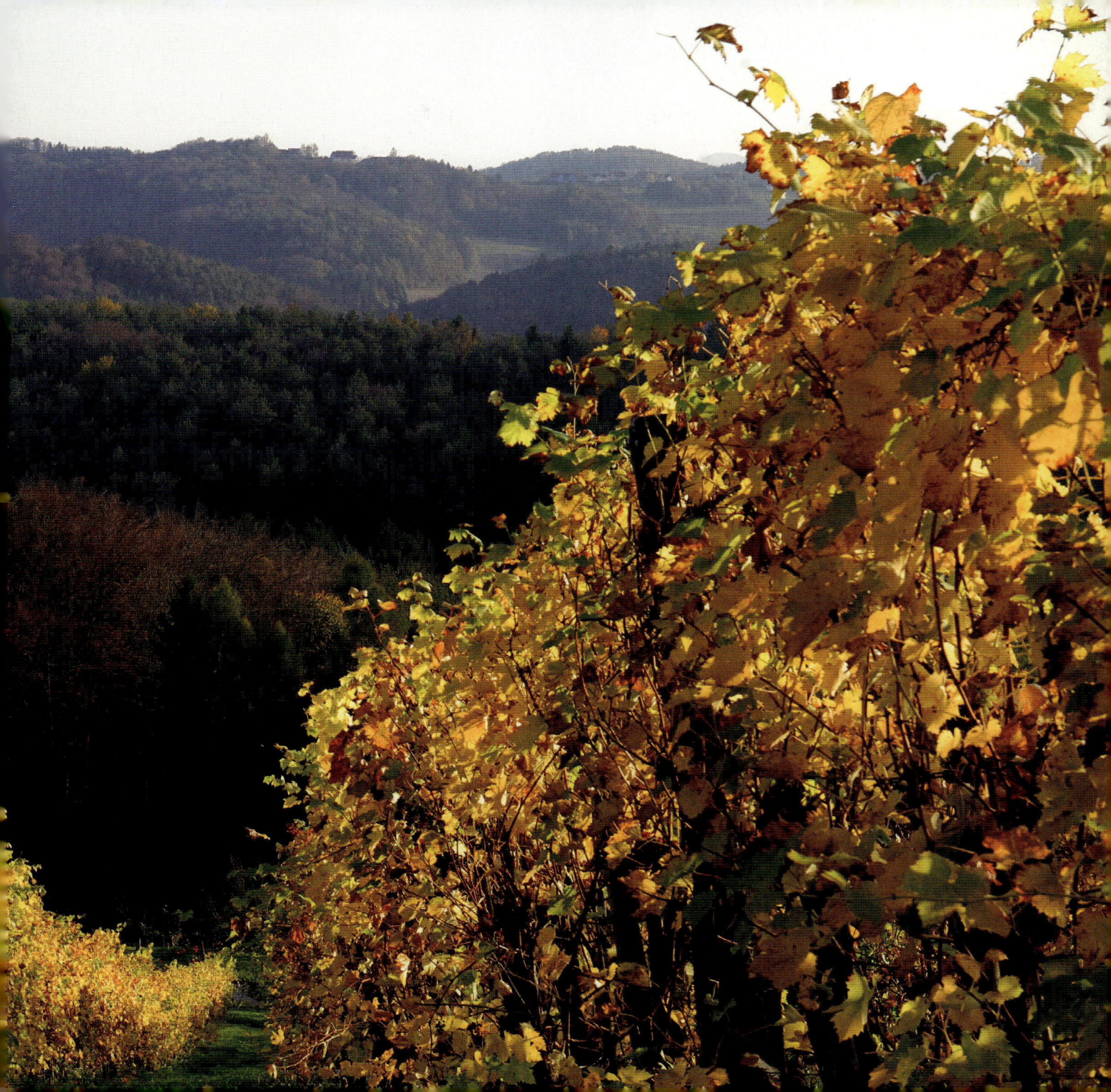

DER WEIN

Eine vielschichtige, aber einfache Wahrheit

Nachweislich seit fast zweieinhalb Jahrtausenden, seit etwa 400 vor Christus, wird im Gebiet der heutigen Steiermark Wein angebaut. Die Erfolgsgeschichte des südoststeirischen Weines ist ein bisschen kürzer. Rund 30 Jahre dauert sie jetzt an. Das hat auch, aber nicht nur, mit dem Weinskandal von 1985 zu tun, der ja für die gesamte österreichische Weinwirtschaft eine Art Stunde null bedeutete.

Damals begann, aus der Not geboren, das Qualitätsdenken zu greifen. In der Steiermark richtete sich das öffentliche Hauptaugenmerk zunächst auf die klassischen südlichen Anbaugebiete an der Grenze zur slowenischen Štajerska, der Untersteiermark. Einige Winzerpioniere verhalfen dem südsteirischen Wein ziemlich rasch zu einem guten Ruf weit über die Landesgrenzen hinaus. Daneben besetzte das Schilcherland im Westen eine sympathisch-exotische Nische.

Die Südsteiermark war auch für Wiener ein Begriff, allenfalls noch das Schilcherland, beide von der Autobahn nach Slowenien oder Italien einfach und schnell zu erreichen. Aber die Südoststeiermark? Gibt's dort überhaupt Wein, und wenn ja, einen g'scheiten? Das war selbst unter Grazern und in der übrigen Steiermark eine verbreitete Ansicht.

Diese hat sich aber inzwischen fundamental geändert. Von einigen Vorreitern abgesehen, sind die südoststeirischen Winzer erst nach und nach aus dem Radarschatten der öffentlichen Wahrnehmung hervorgetreten. Der hat ihnen eine Zeitlang vielleicht sogar genützt, weil er eine kontinuierliche Entwicklung ohne permanenten Erwartungsdruck ermöglichte. Aber ohne Pioniere wäre dies natürlich kaum möglich gewesen. Und deshalb werden sie hier vor den Vorhang geholt: → **Manfred Platzer** in Tieschen; → **Albert Neumeister** in Straden; → **Georg Winkler-Hermaden** in Kapfenstein und, vor allem beim Rotwein, → **Franz Hutter** in Reiting bei Mühldorf. Was sie an Kreativität, Innovation und kompromisslosem Qualitätsdenken vorgegeben haben, schlägt sich heute in einem breiten Spitzenniveau nieder, von dem die gesamte Region profitiert.

LINKS: *Weinlese auf dem Oberrosenberg in St. Peter am Ottersbach.*

RECHTS: *Vielfalt mit Charakter: So viele Sorten auf so kleinem Raum gibt es kaum wo sonst.*

Wenn die Steiermark europaweit das Weinbaugebiet mit der größten Sortenvielfalt ist, dann gilt dies noch konzentrierter für den Südosten. Auf nur rund 1600 Hektar Gesamtrebfläche werden kultiviert: Welschriesling, Weiß- und Grauburgunder (Ruländer), Morillon (Chardonnay), Gelber Muskateller, Sauvignon Blanc, Rheinriesling, Sämling 88 (Scheurebe), Traminer, Blauer Wildbacher (Schilcher), Blauer Zweigelt, Blauburger, St. Laurent, Merlot, Blauburgunder – und noch einige mehr.

Etwas Besonderes

Wer sich da durchkostet, wird unschwer seine persönlichen Favoriten finden. Über Geschmack lässt sich bekanntlich nicht streiten. Und unbestreitbar ist auch, dass der Traminer in seiner südoststeirischen, der Klöcher Spielart, etwas Besonderes ist. Als Tischwein eignet er sich eher nicht, der „Wein mit dem Duft der Rose". Aber trocken ausgebaut, wie er im Gegensatz zu früher fast durchwegs ist, stellt er ein besonderes Geschmackserlebnis dar – man muss sich ihm nur unvoreingenommen nähern. Daneben finden wir mit vielen Gleichgesinnten, dass sich das Land am stimmigsten in den Burgundern spiegelt: Weißburgunder, Morillon (Chardonnay) und Grauburgunder. Zu Letzterem, der hier vielfach noch Ruländer genannt wird und zu unseren südoststeirischen Favoriten zählt, fällt uns folgender Steckbrief ein: charakterstarker Typ mit Tiefgang, aber durchaus zugänglich, was sich farblich auch an dem mehr oder weniger ausgeprägten, warmen Altrosa-Ton zeigt.

Zurück zur Vielfalt. Drei Faktoren sind es, die sie begünstigen:
- das Klima mit kontinentalen, mediterranen und pannonischen Einflüssen;
- die Bodenverhältnisse: sandige Lehme und Tonerden mit wechselndem Untergrund von Vulkangestein, Muschelkalk, Sandstein, Kalkstein und Basalt;
- und, das Wichtigste: die Menschen.

Bei aller Konkurrenz herrscht unter den meisten Winzern ein Geist der Kollegialität, wenn nicht Freundschaft, und der Gemeinsamkeit. Auch hier zeigt sich das „Vulkanland-Denken". Das Gemeinsame ist mehr als die Summe der Einzelteile. Und so haben sich unter dem „Dach" der → **Vulkanlandwinzer** (insgesamt über 70) mehrere Gemeinschaften geformt: die → **Eruptionswinzer;** die → **Grauburgunder-Winzer;** die → **Tau-Winzer,** die → **Klöcher Traminer-Winzer**

RECHTS: *Individualität in der Gemeinschaft: die Grauburgunder-Winzer.*

und die → **Weinblüten-Winzerinnen**. Jede Gruppe hat ihre eigene Philosophie und ihre eigene Dynamik, jede Gruppe betreibt gemeinsames Marketing, wozu auch eigene Feste gehören. Was alle Gruppen vereint, sind besondere Qualitätskriterien und ein befruchtender Wettbewerb.

Was die Philosophie betrifft, so schauen wir uns die zwölf Tieschener Tau-Winzer näher an – was auch mit meiner Schwäche für die Burgunder zu tun hat: der Tau-Wein ist eine Cuvée aus Weißburgunder, Grauburgunder und Morillon. Tau ist der 19. Buchstabe des altgriechischen und der letzte Buchstabe des hebräischen Alphabets. Das T ist das Symbol des Franziskanerordens. Dessen Gründer, Franz von Assisi, nahm es als Zeichen der Demut und der Erlösung. Und wie kam es zu den Winzern? Vor der Pfarrkirche in Tieschen steht seit 2007 eine acht Meter hohe Metallskulptur. Sie stellt den heiligen Franziskus mit dem Wolf von Gubbio dar. Geschaffen wurde das Werk von dem bolivianischen Künstler Fernando Crespo, der sich damit für das Entwicklungshilfeprojekt „Vulkanland in Bolivien – Hoffnung in den Anden" bedankte.

Demut, Hoffnung, Erlösung: keine unpassenden Begriffe im Umgang mit Wein, ob in der Produktion oder im Genuss. Die Einstellung, die sich darin offenbart, gilt aber nicht nur für die Tau-Winzer. Josef Scharl, einer der sieben Eruptionswinzer, fasst es bei einem Glas von seinem „Auron" (in Holz ausgebauter Sauvignon) zusammen: „Niemand will in der Gruppe hinten sein. Das macht die Gruppe stark. Manchmal fliegen auch die Fetzen. Es wird sofort was gesagt, wenn einem was nicht passt. Wir sind seit zwölf Jahren beisammen – da kennt jeder den anderen." Getragen sei das Ganze von einer Grundmentalität mit viel Sinn für Gemeinschaft, Freundschaft, Zusammenarbeit: „Jeder ist Gast bei den anderen – da brauchst nix Neues mehr erfinden. Du denkst vielleicht: Wie können wir das nutzen, ohne es direkt nachzumachen?"

Bei den Eruptionswinzern drückt sich das unter anderem darin aus, wie sie ihr jährliches Fest organisieren: abwechselnd auf dem Hof eines Mitglieds der Gruppe, und dabei helfen alle anderen mit ihren Familien mit. Josef Scharls knappes Resümee: „Wenn'st machst, was d' kannst, brauchst keinen Neid zu haben."

Im Wein liegt die Wahrheit, heißt es. Selten ist die Wahrheit so klar wie in diesem Fall. ■

DER WEIN

Adressen

→ **Weinhof Platzer**
Pichla 25, 8355 Tieschen
Mobil: +43 664 3969474
platzer@weinhof-platzer.at
www.weinhof-platzer.at

→ **Weingut Neumeister**
8345 Straden 42
Tel. 03473/8308
weingut@neumeister.cc
www.neumeister.cc

→ **Schloss Kapfenstein**
Margot und Georg Winkler-Hermaden
8353 Kapfenstein 105
Tel. 03157/2322
weingut@winkler-hermaden.at
www.winkler-hermaden.at

→ **Weingut Hutter**
Reiting 2, 8330 Feldbach
Tel. 03152/4422
franz@hutter-wein.at
www.hutter-wein.at

→ **Weinhof Scharl**
Plesch 1, 8354 St. Anna am Aigen
Tel. 03158/2314
weinhof-scharl@utanet.at
www.weinhof-scharl.at

→ www.winzer-vulkanland.at

→ www.eruption.at

→ www.tauwein.at

→ www.weinblüten.at

→ www.straden-grauburgunder.at

→ www.kloecher-traminer.at

UNTEN: *Eruptionsfest beim Weingut Hutter in Reiting.*

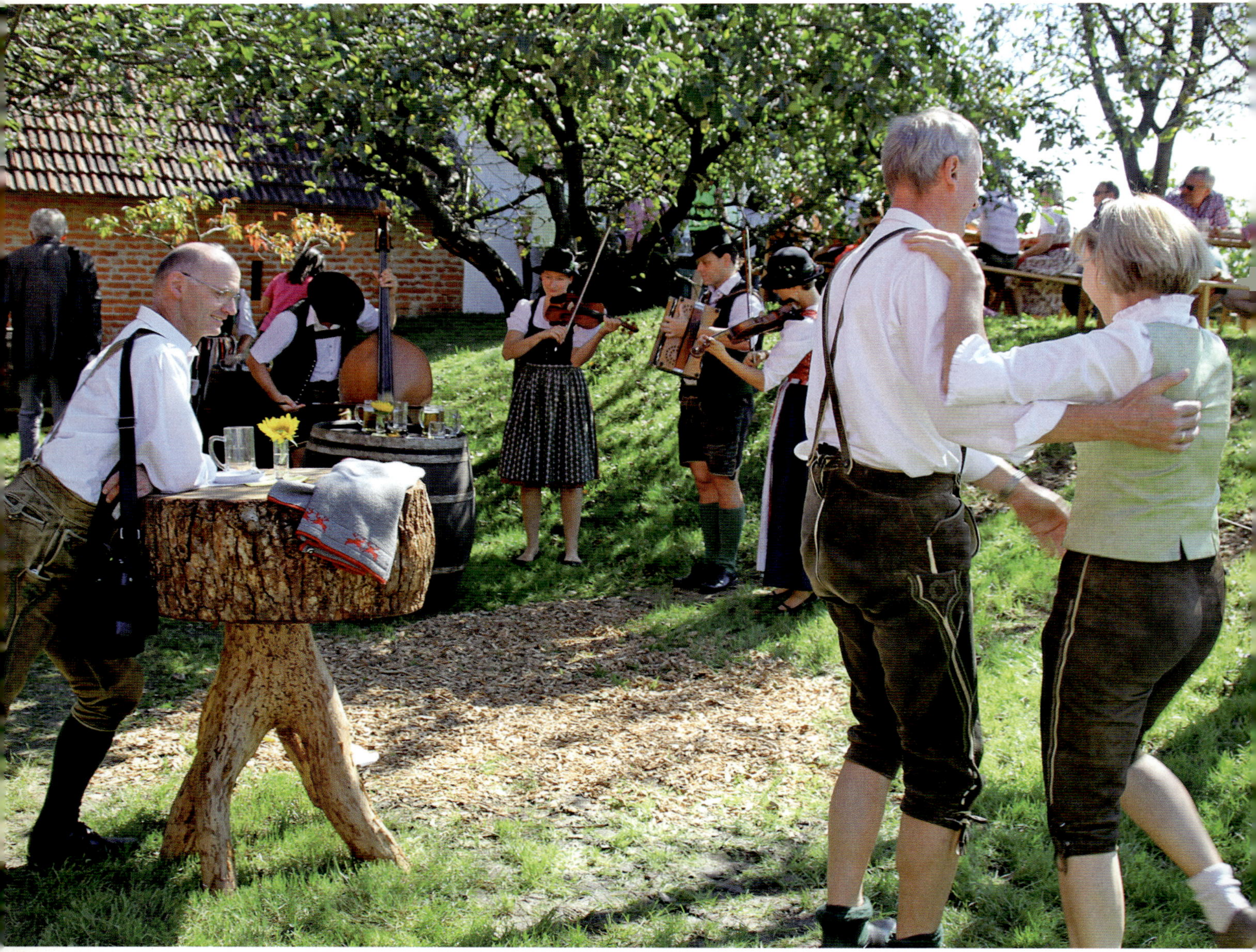

DIE FESTE

Feiern, aber g'scheit

Wie die Menschen arbeiten, so feiern sie auch, heißt es. So gesehen können Vielfalt und Art der Feste in der Südoststeiermark nicht verwundern. In den Sommermonaten ist die Zahl der gastlichen Ereignisse kaum überschaubar. An manchen Wochenenden würde man ganz gerne, entgegen dem Sprichwort, auf mehreren Kirtagen gleichzeitig tanzen.

Ausgehend von der öffentlich-privaten gesamtsteirischen Initiative „G'scheit feiern" hat sich in den vergangenen Jahren eine Festkultur entwickelt, der sich auch immer mehr kleinere Veranstalter wie Feuerwehren, Vereine und Höfe von Lebensmittelproduzenten anschließen. Auch hier spielt die Wertschätzungs- und Nachhaltigkeitsphilosophie des Steirischen Vulkanlandes eine entscheidende Rolle: regionale Qualität bei Essen und Trinken, hohe Geschirr- und Glaskultur, anregendes Miteinander statt lautem Trubel, Musik ohne elektronische Verstärkung.

Und so ist es wiederum kein Zufall, dass die Gemeinde Auersbach (inzwischen Teil der Regionsgemeinde Feldbach) als Geburtsort der Regionalstrategie auch hier Maßstäbe setzte. Das jährliche → **Schinkenfest** im Juli ist so etwas wie eine gesellige Generalversammlung der Vulkanländer. Vom Impulszentrum im Ort aus wandern die Besucher den Rosenberg hinan. Dabei können sie an mehreren Stationen, ob inmitten einer Streuobstwiese, in einer Sandgrube oder im Wald, regionale Köstlichkeiten in großer Bandbreite genießen. Ganz oben warten ein kleiner Festplatz und die Heurigenschenke → **„Sterngucker"**, benannt nach der Sternwarte auf dem „Gipfel" des Rosenbergs, auf die

LINKS: *Wadl-Schau inklusive: das „Khünegger Landleben".*

RECHTS: *Nicht schwer zu erraten, was hier zelebriert wird.*

RECHTS: *Und noch einmal Khünegg: eine ganz eigene Atmosphäre.*

noch immer Hungrigen und Durstigen – und das sind nicht wenige. Dem Namen des Festes entsprechend dominiert verständlicherweise Fleischliches das kulinarische Angebot. Immer ist aber auch für Vegetarier etwas dabei. Und der schöne Ausblick über das sanfte Auersbacher Tal bis zu den Gleichenberger Kogeln ist für alle gleich.

Besondere Erwähnung verdient die Musik. Kleine Volksmusikgruppen ziehen von Station zu Station. Nicht nur nur wegen ihres „Klettergartens", einer Lösswand, die Kinder magisch anzieht, ist die Sandgrube einer der beliebtesten Haltepunkte. Hier spielen die Auersbacher ihren Heimvorteil aus. Vokal- und Instrumentalensembles geben ihr Können zum Besten, und das ist beachtlich. Warum, wird klar, wenn man weiß, dass Auersbach eine Musikschule hat, die von etwa einem Viertel der rund 800 Einwohner besucht wird, vom Baby bis zur Seniorin. Und nicht nur das: die Schule finanziert sich selbst. Aufgebaut wurde sie unter dem damaligen Bürgermeister Helmut Buchgraber von dessen späterer Ehefrau Monika Kahr. Der Unternehmer Buchgraber (er verarbeitet und vermarktet Obstkerne) trat als Gemeindechef übrigens die Nachfolge von Josef Ober an.

Ein weiteres der besonderen südoststeirischen Feste ist die an anderer Stelle schon erwähnte → __„Terra Vulcania"__, die ganz im Zeichen des Weines steht. Sie zieht sich mit zahlreichen kulinarischen und kulturellen Ereignissen über zwei Wochen hin. Den Höhepunkt bildet das eigentliche Festereignis im idyllischen St. Anna am Aigen (bekannt auch für seine Gesamtsteirische Vinothek). Ähnlich wie beim Schinkenfest werden an verschiedenen Ständen und Lokalen quer durchs Ortszentrum gehobene Kulinarik und – natürlich – die besten Weine der Region geboten. Besonders stimmig in seiner Kombination von Ambiente und Angebot ist der Platz vor der Kirche. Wer einen repräsentativen Querschnitt der besten südoststeirischen Winzerinnen und Winzer und ihrer Kreszenzen auf engstem Ort sucht, kommt jedenfalls an der „Terra Vulcania" kaum vorbei. Mit der Eintrittskarte erwirbt man ein Weinglas mit dem Logo der Vulkanlandwinzer – angesichts des moderaten Einsatzes ein nettes Souvenir.

Zur regelrechten Massenattraktion hat sich in den vergangenen Jahren der → __„Vollmond auf der Riegersburg"__ entwickelt. Vor allem bei passendem Wetter ist die Zahl der Mondsüchtigen, die mit Kind und Kegel die Festung auf dem Basaltfelsen mit dem Lift oder zu Fuß stürmen, kaum übersehbar. Kindern und Erwachsenen wird in der Tat einiges geboten, vom Ritterturnier über das „Hofgetratsche" und die

„damischen Kuchlweiber" bis zum „Flug der brennenden Hexe" über den Burggraben. Dazu gibt es – freilich nicht mittelalterliche und auch nicht besonders gedämpfte – Livemusik und eine Kulinarik, die wir als Zugeständnis an die Besucherzahl interpretieren. Mit Blick auf Angebot und Stil anderer Feste würden wir sagen, da ist noch einiges an Potenzial drinnen.

Andere Feste, als da wären – um nur die bekanntesten zu nennen: das ➜ **Krusdorfer Berglerleben** bei Straden; das ➜ **TAU-Weinblütenfest** in Tieschen; das ➜ **Eruptionsfest,** das jedes Jahr bei einem anderen der sieben Eruptionswinzer stattfindet; das Klöcher Weinbergfest ➜ **Ga Weint Gehn.** Eine einzigartige Kombination von Tradition, Kultur und Kulinarik erleben die

LINKS: *Die Qual der Wahl: Festsaison im Vulkanland.*

RECHTS: *Beliebte Anlaufstation beim Schinkenfest: die Sandgrube.*

Besucher des → **Khünegger Landlebens** bei St. Peter am Ottersbach: Es nennt sich in bewusstem Tiefstapeln „Fest mit Keuschlern" und ist dem Heimatdichter und Literaten Fred Strohmeier gewidmet. Gefeiert wird mit echter Volksmusik, Lesungen unter dem Birnbaum, Theateraufführungen und bodenständigen Gerichten (Schwammerlsuppe mit Heidensterz, Breinwurst, Kürbisgemüse, Pogatschen etc. etc.) aus der Hand von Frauen und Männern der Umgebung. Man sitzt mitten im Weingarten mit herrlichem Blick auf die Hügellandschaft und in familiärer Atmosphäre, trotz der großen Menschenmenge.

Ein weiteres kulturelles Highlight ist das Volksmusikfestival → **Grad & Schräg,** bei dem sich zuletzt im Spätsommer 2014 im Ortzentrum von Straden traditionelle und moderne Ensembles ein kontrastreiches und doch harmonisches Stelldichein gaben. Die große Fangemeinde hofft inständig auf eine Fortsetzung, die bei Drucklegung noch nicht feststand.

Nicht zu zweifeln ist hingegen an der Wetterfestigkeit von Festveranstaltern und -besuchern – in den allermeisten Fällen. So findet das Schinkenfest 2015, wie in den vergangenen Jahren, laut Ankündigung „auch bei fruchtbarem Regen" statt. Getreu der Erkenntnis eines alten Auersbacher Bauern, die sich in ihrer heiteren Gelassenheit durchaus als generelle Lebenseinstellung empfiehlt: „Bei so an Wetter tuat's gern regnen. Aber g'scheiter, es regnet jetzt als dann, wenn's Wetter schön ist."

DIE FESTE

Adressen

- www.schinkenfest.at
- www.zumsterngucker.at
- www.terravulcania.at
- www.veste-riegersburg.at
- www.gscheitfeiern.at
- www.eruption.at
- www.kloech.com
- www.peter-weindorf.at
- www.straden.gv.at
- www.straden-aktiv.com
- www.vulkanland.at

DIE SPEISEN
Vom Tommerl

Auf Schloss Freiberg bei Gleisdorf erstellte Otto Gottfried von Kollonitsch im Jahr 1640 für sein Gesinde und die Robotbauern einen Wochenspeiseplan, in dem er festlegte, dass an allen Tagen zum Frühstück saure Milch und Heidensterz, am Montag Kraut und Bohnen, abends Klachelfleisch und saure Milch, Dienstag Kraut und Knödel, abends Rüben und Hirsebrein, Mittwoch wie am Montag, Donnerstag Rindfleisch mit Kraut und Gerste, abends Rindfleisch mit Rüben und Brein, Freitag Suppe mit geschnittenen Nudeln, Kraut und Gerste, abends Suppe, Rüben und Brein, Samstag Suppe, Sterz, Kraut und Gerste, abends Suppe, Rüben und Brein und am Sonntag wie am Donnerstag gegessen werden sollte.

Was daran erstaunt, ist, dass es drei Mal in der Woche Fleisch gab. Es muss sich also um ein ziemlich reiches Gut – und einen relativ großzügigen Gutsherrn – gehandelt haben. Denn in der Bauernküche an sich war Fleisch etwas Seltenes. Rinder und Kälber wurden nie für den Eigenverbrauch geschlagen, mit Ausnahme einer Notschlachtung. Schafe gab es in der Südoststeiermark fast nicht. Fleisch lieferte also nur das Schwein. Von diesem wurde möglichst alles verwertet. Eine der kreativsten Arten, die sogenannten minderwertigen Teile wohlschmeckend zu verarbeiten, stellt die Breinwurst dar.

Gewöhnliche Breinwürste enthielten kein Fleisch, sondern Grieß aus Hirse, Hoadn (Heiden) oder Gerste. Dieser wurde gewürzt und mit fein geschabten Innereien (Lunge und Milz) vermischt und so in den Schweinedarm gefüllt. Nur ausnahmsweise kam etwas Schädelfleisch in die Breinwürste, die man Knoppelwurst nannte. Nordöstlich des Rittscheintales gab es die Erdäpfelwürste, und in der mittleren Oststeiermark „hoadane Würst". Die Presswurst wurde mit Schwartln und Magen gefüllt. Das gute Fleisch wurde geselcht und der Speck zu Fett ausgelassen. Für den Selchvorgang blieben die Schinken ganz, die anderen Stücke wurden zerteilt. Gebeizt wurde das Fleisch nur trocken mit Salz, allenfalls mit Pfeffer, zerdrückten Wacholderbeeren und in späterer Zeit mit Knoblauch oder Weinbeeren eingerieben. Geselcht wurde in der Rauchküche mit kaltem, also teerfreiem Rauch.

Zu den wichtigsten Speisen der „einfachen" Leute in der Südoststeiermark zählte der Tommerl. Dabei handelt es sich um eine im Rohr gebackene Mehlspeise, wie Johann Schleich in seinem Buch „Das Steirische Vulkan- und Thermenland" im Kapitel „Alte Bauernkost" erläutert:

OBEN: *Es gibt nix Besser's als recht was Guat's: Genießen mit Familie und Freunden auf der „Huabn".*

Untrennbar mit dem Frühstück waren die „Saure Suppe" und der „Frühstückstommerl" verbunden.

Er wird aus 1/4 lt. Milch, mit 27 dag Mehl, Salz und 5 g Germ und Schweinefett zubereitet. Abends wird die Germ in ein wenig lauwarme Milch mit der Hälfte des Mehls eingerührt und ein wenig gehen lassen. Dann kommt die restliche Milch und das Mehl dazu. Die Masse bleibt bis zum Morgen abgestellt und wird dann fingerdick in eine eingefettete Rein geschüttet und im heißen Rohr ca. 45 Min. gebacken. Klassisch gab es dazu die Saure Suppe. Salzwasser wird mit etwas Knoblauch aufgekocht, Suppenmehl (ein Mischmehl) wird eingesprudelt und gut sämig gekocht, mit einem guten Schuss Essig gesäuert und mit warmen Grammeln serviert.

RECHTS: *Vorsichtige Annäherung: der Bluttommerl beim Pucher in Kirchbach.*

In den heutigen Bauernküchen wird dieses Frühstück wohl auch aus Zeitgründen nur noch selten zu finden sein. Auf einigen Speisekarten der Region haben wir diese Rarität dennoch gefunden, etwa beim Ehrenhöfer in der Heurigenschenke „Zum Sterngucker" in Auersbach oder in der „Wipp'l Hofbergstubn" in Riegersburg.

Der Heidentommerl hat nichts mit Ungläubigkeit zu tun. Heidenmehl oder Hoadnmehl, wie der Südoststeirer sagt, ist Mehl aus Buchweizen. Er galt als eines der Hauptnahrungsmittel, vor allem im Riegersburger Bergland. Für den Tommerl wird das Hoadnmehl mit lauwarmem Wasser und Salz verrührt, bis die Masse sämig wie ein Palatschinkenteig ist. In einer Pfanne Fett sehr heiß werden lassen und den Hoadntommerl wie Palatschinken auf beiden Seiten ausbacken. Auch hierzu gibt's Suppe. Entweder die saure Suppe oder wie beim „Binderhansl" in Gnas, wo uns dieses Rezept verraten wurde, eine köstliche Schwammerlsuppe.

Der Bluttommerl stand, wie aus seinem Namen hervorgeht, nur zu bestimmten Zeiten auf dem Speiseplan. Auch heute gibt es ihn, etwa im Gasthaus Pucher in Kirchbach, immer nur an Schlachttagen.

Das anfallende Blut wird mit ein paar Löffeln Milch, ganz wenig Mehl, angerösteten Zwiebeln, Knoblauch und Salz verrührt und im Rohr gebacken. In der Riegersburger Gegend wurde der Bluttommerl „Blutater" genannt.

Ebenfalls der Grundzutat verdankt der Türkentommerl seinen Namen. Ab etwa 1850 wird Mais vermehrt angebaut, und somit findet sich der „Türkische Woaz" oder Kukuruz auch auf dem Speiseplan. Wir haben ihn bisher allerdings in keinem Gasthaus entdeckt. Hier das Rezept, entnommen aus der „Steirischen Küche" von Christoph Wagner und Willi Haider, und von Helga etwas abgewandelt:

REZEPT
Türkentommerl

Für 4 Personen

- 1/2 Liter Milch
- 125 g Maisgrieß
- 75 g Kristallzucker
- Salz
- Vanillezucker
- Zitronensaft
- 500 g Äpfel groß gehobelt oder geschnitten (oder Zwetschken, halbiert und entkernt)
- 60 g Butter
- Butterschmalz für die Pfanne

1 Grieß und Zucker in die kochende, gesalzene Milch einrühren und aufkochen lassen. Eine Pfanne oder Rein mit Butterschmalz ausstreichen und die Grießmasse darin verteilen. Mit vorbereiteten Äpfeln oder Zwetschken bedecken, zuckern, und mit zerlassener Butter beträufeln.

2 Im vorgeheizten Rohr ca. 30–40 Minuten backen.

ÄPFEL & CO.

Wo der Seppi heute den Most holt

Vom Mostmachen und Mostholen in früheren Zeiten ist schon erzählt worden. Es gibt noch immer Höfe in der Südoststeiermark, die ihren Haustrunk machen, aber es werden immer weniger. Um das Verschwinden dieses traditionsreichen Getränks muss man sich dennoch keine Sorgen machen. Auch das hat mit bewusster Regionalentwicklung nach dem Grundsatz Qualität vor Masse zu tun. Ein scheinbares Allerweltsprodukt, wiewohl schon als solches gut beleumundet, wird durch Weiterverabeitung und Veredelung quasi noch geadelt. Dabei können alle, Produzenten und Konsumenten, nur gewinnen.

Mit seinen nördlichen Ausläufern gilt das Gebiet seit jeher als der Obstgarten Österreichs. Dabei setzte sich der Obstanbau hier erst Mitte des 19. Jahrhunderts wirklich durch. Heute ist das Etikett „frisch-saftig", das findige Werbeleute für die Äpfel dieser Herkunft kreiert haben, auch ein – mitunter überstrapaziertes – Attribut der steirischen Wesensart. Der geschmacklichen Vielfalt der in der Südoststeirmak kultivierten Apfelsorten wird es kaum gerecht.

Auf einer typischen südoststeirischen Streuobstwiese kann man finden:
- den **Gravensteiner**, einen fein-säuerlichen Frühapfel, der sich besonders gut im Strudel macht;
- den **Kronprinz Rudolf** mit seiner fruchtigen Süße und einem zartbitteren Abgang;
- den **Bohnapfel,** der seinen feinen süßsäuerlichen Charakter erst in der Nachreife voll entwickelt;
- den fein säuerlichen bis süßlichen **Krummstiel,** der ebenfalls nachreifen muss und ab Dezember zu genießen ist;
- den Brunner, eigentlich **Welschbrunner,** säuerlich-süß ohne ausgeprägten Charakter, aber sehr saftig und daher als „Basislieferant" für Most aus gemischten Äpfeln beliebt;
- den herben **Maschanzker** mit seinem langen, unerwartet harmonischen Abgang;
- die **Schafnase** mit ihrer namengebenden typischen Form, blendend weißem Fruchtfleisch in Kontrast zur intensiv roten Schale und einem eleganten Bitterton;
- und einen regionalen Star, unseren persönlichen Liebling: den **Ilzer Rosenapfel,** auch schlicht Ilzer Rose, von älteren Einheimischen Ilzer „Weinler" genannt, der vom leicht herben Anbiss über ein kräftiges Säurespiel bis zum intensiven, körperreichen Abgang eine schier unglaubliche geschmackliche Vielfalt entwickelt.

RECHTS: *Gemeinschaftswerk von Mensch und Natur: die Streuobstwiese.*

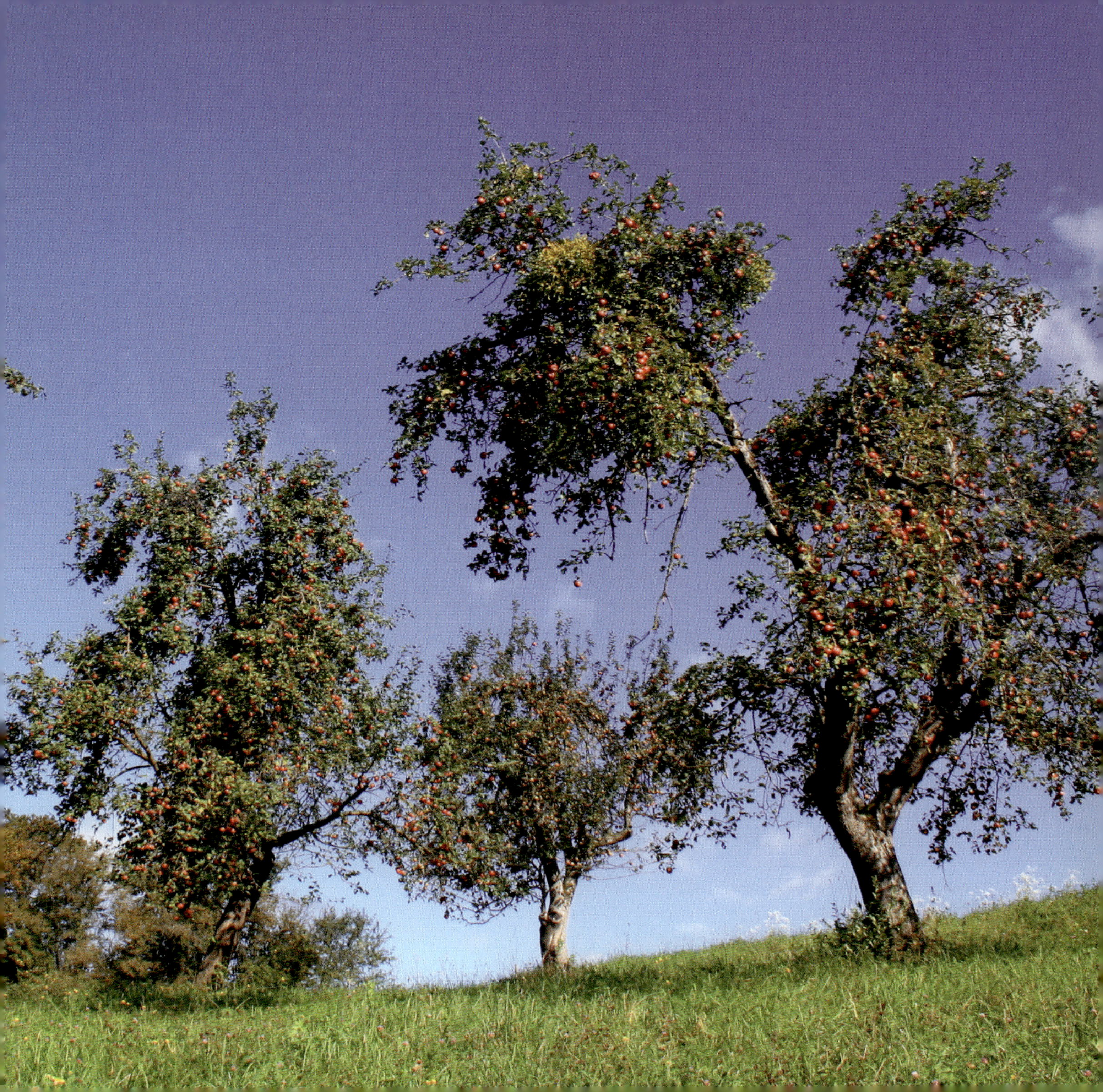

Und wieder Vulkane

Ein Hausmost ist ein gemischter Satz aus einigen der genannten alten Apfelsorten, und das macht seinen Reiz aus. Denn die Ernte der einzelnen Sorten fällt qualitativ und quantitativ jedes Jahr anders aus. Die Streuobstwiesen zu erhalten, hat sich auch eine Gruppe von sieben Obstbauern vorgenommen, die sich 2003 unter dem Markennamen → **Caldera** zusammenschlossen. Ihre Produktphilosophie: sortenreiner Apfelwein (= Most) höchster Qualität. Die Streuobstwiese steht dazu nicht im Widerspruch. Denn aus ihr kommen die Sorten, die die charakterstärksten Moste liefern. Wer sie unverarbeitet verkosten will, findet sie heute lobenswerterweise wieder in den Apfelsteigen vieler Hofläden.

Der Markenname Caldera hat – Überraschung! – etwas mit Vulkanen zu tun. Eine Caldera entsteht entweder durch explosive Eruptionen oder durch den Einsturz einer Magmakammer nahe der Oberfläche eines Zentralvulkans, die zuvor durch Ausbrüche entleert wurde. Als Beispiel einer der größten Calderen nennt Wikipedia jene nach dem ersten Yellowstone-Vulkanausbruch: 80 Kilometer lang und 50 Kilometer breit. Darin hätte die Südoststeiermark locker drei Mal Platz.

Vielleicht haben die sieben Produzenten den Namen gewählt, weil sich in einer Caldera nach dem Abkühlen der Lava oft ein See bildet, vielleicht gefällt ihnen die Anspielung auf die Explosion als Metapher für das Geschmackserlebnis. Letzteres ist auf jeden Fall garantiert, wie auch die Jahrgangspräsentation anlässlich des Zehnjahresjubiläums im Meierhof zu Schloss Kornberg zeigte. Den besonderen Charme der

LINKS: *Verpflichtung zur Qualität: die Caldera-Mostbauern.*

RECHTS: *Ein Glas und seine Botschaft: kostbar.*

Caldera-Palette machen sowohl die Vielfalt an alten und jüngeren Sorten als auch die drei Kategorien trocken, halbtrocken und lieblich aus. Dabei geht es zwar wie beim Wein um den Restzuckergehalt, hier endet der Vergleich aber auch schon. Denn eine „liebliche" Ilzer Rose oder ein „lieblicher" Topaz kommt nicht süß daher wie ein Wein dieser Bezeichnung, sondern ist von ausgeprägter, sortentypischer Fruchtigkeit, ausgewogen im Zucker-Säure-Spiel und mit überraschend trockenem Abgang.

Jeder der sieben Produzenten – sie sind im Anhang aufgelistet – hat seine besonderen Kreszenzen. Bei der erwähnten Jahrgangspräsentation hatten es uns speziell die alten Sorten angetan – Kronprinz, Ilzer Rose, Maschanzker, Bohnapfel. Aber auch der noch junge Topaz, 1984 in Tschechien gezüchtet, eignet sich sehr gut zum sortenreinen Ausbau. Mehr noch: den „Nummer eins Bioapfel" nennt ihn Bernhard Haas, Juniorchef des gleichnamigen Obstbetriebes in Poppendorf bei Gnas, der auf biologische Bewirtschaftung umstellt. Der Topaz ist nämlich schorfresistent, womit sich entsprechende Spritzmittel erübrigen.

Unser Schwärmen für die Ilzer Rose teilt Haas junior übrigens: „Ein Wahnsinnsapfel." Wer einmal in einen vollreifen „Weinler" gebissen hat, der noch ein, zwei Wochen abgelegen ist, wird ihm zustimmen. Da fällt es schwer, die Umwandlung in Most als Veredelung zu bezeichnen. Aber wer die Ilzer Rose in natura kennt, weiß umso mehr ihren flüssigen Aggregatzustand in Form eines sortenrein gekelterten Mostes zu schätzen.

LINKS: *Erfindungsreiche Obstveredler: Karl Haas und Sohn Bernhard in Poppendorf.*

Most, Cider und einiges mehr

Die → **Familie Haas** führt ein gastfreundliches Haus. Der Betrieb liegt an einem 11 Kilometer langen Wanderweg, der nach einem erloschenen Vulkan getauft wurde, dem Kaskögerl. Sehr wild wird der wohl nicht gewesen sein, dem Namen nach zu schließen. Und auch wenn die Route über das Kögerl keine wilde Anstrengung abverlangt, können sich Wanderer bei einer Selbstbedienungsausschank am Haas-Hof mit wunderschönem Blick ins Gnastal gegen eine freiwillige Spende an den verschiedenen Produkten laben. Dazu gehört auch der „South East Cider", ein erfrischendes Getränk aus zwei Dritteln Most und seinem Drittel Apfelsaft der gleichen Sorte, mit Kohlensäure versetzt und einem Alkoholgehalt von unter fünf Prozent. Mit dieser Komposition und Gradierung, die gesetzlich geregelt sind, unterscheidet sich österreichischer Cider von seinen Namensvettern in anderen Ländern. Dort handelt es sich meist schlicht um Most, mit oder ohne Kohlensäure.

Wer guten Most macht, kann auch guten Wein machen. Oder umgekehrt. → **Josef Nestelberger** keltert im Familienbetrieb in Auersbach bei Riegersburg, unweit der Schokoladenmanufaktur Zotter, neben den eigenen Caldera-Mosten auch die Weine für die bekannte Buschenschank Bernhart am Hofberg gegenüber der Ostseite der Festung – und den Burgwein selbst. Im eigenen Haus, zu dem auch ein bestens sortierter Hofladen gehört, laden Josef und Gattin Eveline zu Verkostungen auf Bestellung, inklusive Jause. Das Angebot geht über eine Zusammenfassung dieses Kapitels weit hinaus: neben Mischmost, sortenreinen Mosten, Obstsäften und Frizzantes bekommt man in diesem sympathischen Haus auch einen Uhudler – und den schon im Kapitel „Pioniere" gewürdigten Piegerl, einen Mischmost aus Äpfeln und/oder Birnen und Trauben von Direktträgern.

Wenn wir hier einige Betriebe beispielhaft nennen, dann bedeutet dies kein Qualitätsurteil über andere. Wie in anderen kulinarischen Bereichen sind Angebot und Vielfalt enorm. Um ans Eingangskapitel anzuknüpfen: Der Seppi weiß auch ein halbes Jahrhundert später, wo er guten Most holen kann. Aber anders als damals weiß er nicht, wohin er zuerst gehen soll. ■

ÄPFEL & CO.
Adressen

→ **Karl Haas**
8342 Gnas
Poppendorf 56
Tel. 03151/2364

→ **Alois Kaufmann**
8330 Feldbach
Raabau 10
Tel. 03152/2603

→ **Gottfried Trummer**
8342 Gnas
Lichtenberg 6
Tel. 03151/2334

→ **Josef Nestelberger**
8333 Riegersburg, Auersbach 58
Tel. 03153/7107

→ **Johann Friedl**
8330 Feldbach
Auersbach 10
Tel. 03114/2168

→ **Christof Krispel**
8311 Markt
Hartmannsdorf 244
Tel. 0664/5905426

→ **Leopold Boden**
8093 St. Peter/Ottersbach
Zehnensdorf 42
Tel. 03477/2783

→ www.calderamost.at

→ www.poppendorf.at

RECHTS: *Drei Kronprinzen.*

SCHINKEN UND SCHWEINEFLEISCH

Die Sache mit dem Schwein

Wer die Südoststeiermark mag, muss auch die Bilder von Wolfgang Wiedner mögen. Man kann es auch umgekehrt sagen. Auf berührend unmittelbare und zugleich in die Tiefe gehende Art erschließt sich in den Werken des Feldbacher Malers die Essenz dieses Landes, ob es ausgehöhlte Kürbishälften, Streuobstwiesen, Landstraßen oder ein Paar singender Pirole sind. Das rührt ans Herz und schwingt lange nach.

Wolfgang Wiedner stammt aus einer Land- und Gastwirtefamilie nahe Riegersburg. Zu seinem 60. Geburtstag im Jahr 2013 machte der stille, unprätentiöse Künstler sich selbst und den vielen Liebhabern seines Œuvres ein wunderbares Geschenk: die Ausstellung „Der Vogel, die Landschaft, das Schwein" in Fürstenfeld. Uns hatte es, neben den erwähnten Sujets, ganz besonders das kleine Porträt eines Schweines angetan. Inzwischen hängt es auf der „Huabn", und wir verstehen es als Ausdruck des Respekts vor einem Tier, das vielen Menschen Nahrung und Genuss liefert.

Große Mastbetriebe und die damit verbundenen Probleme haben auch in der Südoststeiermark eine Debatte über artgerechte Haltung und Qualität ausgelöst. Die Schweinemäster erklären, dass ihre Betriebe im internationalen Vergleich ohnehin klein seien und an der Grenze der Wirtschaftlichkeit lägen. Der alternative Ansatz geht vom Prinzip „Weniger, aber besser" aus, in der Produktion wie im Konsum. Auf diesem Leitgedanken basiert auch die Gründung der Schinkenmanufaktur im sogenannten Impulszentrum in Auersbach im Jahr 2000. Und mit seinem Namen trug der → „Vulcano"-Schinken stark zur Identitätsstiftung in der Region bei.

Der erste Vulcano kam 2002 auf den Markt. 10 Jahre später wurde auf einer Anhöhe in Eggreith bei Auersbach die neue „Schinkenwelt" eröffnet, nachdem ein Papierindustrieller als Investor eingestiegen war: Schau-, Reife und Verkaufsräume – und ein Schaustall, der zeigt, dass die Tiere eben nicht wie im sprichwörtlichen Saustall gehalten werden. Der Betrieb wird von Vulcano-Mitbegründer Franz Habel geleitet.

Habel schildert die Qualitäten des Vulcano, der bei internationalen Wettbewerben immer wieder Preise einheimst: auf 10 Monate verlängerte Mast des „Steirischen Edelschweines", dessen Vorzüge dadurch besser zur Geltung kommen. Erst in den letzten Wochen bildet sich nämlich die „schöne Marmorierung im Muskel" heraus, die den besonderen Geschmack des Vulcano ausmacht. Das festere Fett, das während der Schinkenreifung nicht tropft oder gar ranzig wird, entsteht dadurch, dass nach halber Mastdauer der Maisanteil reduziert und Weizen, Roggen und Gerste zugefüttert werden. Die Reifezeit liegt je nach Produkt

LINKS: *Der Name verpflichtet: ein Johann-Schwein(derl).*

bei 8 bis 36 Monaten, für den klassischen Vulcano am Knochen bei 15 Monaten.

Während das Vulcano-Schwein bis zur Schlachtung im – wenn auch großzügig dimensionierten – Stall bleibt, dürfen die Artgenossen vom → „Johann-Schwein" zeit ihres Lebens im Freien herumgaloppieren, auf Feldern und in Wäldern bei Trautmannsdorf. Dort ist die Familie Rauch seit Generationen gastronomisch und kulinarisch tätig. Johann Rauch Vater und Sohn führen den Fleischereibetrieb und haben „ihr" Schwein nach keinem Geringeren als dem innovativen steirischen Erzherzog benannt. Auf das Restaurant „Steirawirt", wo Dreihauben-Koch Richard Rauch, assistiert von Schwester Sonja, kreativ abgewandelte Regionalküche auf höchstem Niveau praktiziert, gehen wir an anderer Stelle ein. Aber auch die Johann-Fraktion der Rauchs bietet Besonderes: etwa die geführte „Schinkenwanderung", bei der Fauna und Flora erklärt werden und die mit einer Verkostung im Johann-Schinken-Gwölb in Trautmannsdorf endet.

So schön fett

Das ist aber noch lange nicht das Ende der südosteirischen Schweine-Saga. Zehn Minuten Autofahrt Richtung Süden entfernt hat sich die Zucht einer alten Schweinrasse zur Erfolgsgeschichte entwickelt. Wegen seines hohen Fettanteils von mindestens 70 Prozent lange verpönt, wird das Wollschwein heute aus demselben Grund von immer mehr Feinschmeckern geschätzt. Denn viel Fett bedeutet auch viel Geschmack im Fleisch.

Begonnen mit der „Neuansiedelung" des Wollschweines hat vor eineinhalb Jahrzehnten → **Toni Krispel** inmitten des Weingutes in Hof bei Straden. Die gleiche Idee hatten Johann und Erika Schwarzl vom Restaurant Stöcklwirt, das ganz in der Nähe liegt und immer mindestens ein Wollschwein-Gericht auf der Karte hat. (Siehe Tour Süd.) Krispel landete bei der Verwertung einen Volltreffer ausgerechnet mit einem Produkt, von dem man es am wenigsten erwartet hätte: reinem Speck. Der „Neusetzer", der mit Kräutern und Steinsalz 6 bis 9 Monate im Basaltstein reift, ist längst zum Klassiker geworden. So etwas isst man natürlich nicht alle Tage. Aber dem Nervenkostüm soll der Speck recht zuträglich sein. Und es ist doch recht vernüglich mitanzusehen, wie etwa Damen, die ansonsten peinlich auf ihre Linie achten und das kleinste Fitzelchen Fett vom Fleisch wegsezieren, sich über einen Teller fein aufgeschnittenen Neusetzer hermachen. Der wird in der Krispel'schen Buschenschank zugegebenermaßen höchst appetitlich serviert. Die ganze Palette von Wollschwein-Produkten, vom Schinken über Würste bis hin zu Aufstrichen bietet der hofeigene Spezialitätenladen.

Nicht weit entfernt, in Schwabau bei Straden, nimmt sich der → **Urlmüller** auf seine Art des Wollschweins an. Der Urlmüller, das ist Johann Unger mit seiner Familie. Vor rund 10 Jahren spezialisierten sie

LINKS: *Vegetarier bitte umblättern.*

ihre Landwirtschaft auf die Züchtung alter Paradeissorten. Darauf kommen wir noch an anderer Stelle zurück. Inzwischen wird diese Erfolgsgeschichte um ein neues Kapitel bereichert. Es lautet „Paradeis trifft Wollschwein". Und dieses Treffen findet auf zweierlei Weise statt: erstens in kombinierten Paradeis-Fleisch-Produkten wie Sugos, die in der hauseigenen Manufaktur gekocht, abgefüllt und nebst zahlreichen anderen von Wollschwein und Paradeisern zum Verkauf (auch online) angeboten werden. Zweitens, und das hat sich zur Sommerattraktion für Einheimische und Gäste gleichermaßen entwickelt: an sechs kulinarischen Mittwochabenden im Juli und August werden im urigen Ambiente des Urlmüller-Hofes, mitten im Grünen, speziell kreierte Gerichte serviert. Beispielsweise der San-Marzano-Burger oder die Lendenschnitte mit Paradeisnockerln.

Als weiterer Qualitätsproduzent hat sich in jüngster Zeit der Fleischhauer und Gastronom → **Erwin Haiden** in Jagerberg etabliert, etwa 10 Kilometer Luftlinie nordwestlich von Straden. Er setzt auf die Rasse Turopolje, die er und der Biowinzer Josef Totter im Freigelände mit hohem Waldanteil züchten. Haidens Spezialitäten sind der „Weiße Jagerberger", Rohschinken und Dauerwurst.

Zu Ende gedacht – und gemacht

Zum Abschluss unserer regionalen Ferkelei machen wir einen nicht nur geografisch großen Schritt Richtung Nordosten. In Burgau im Lafnitztal, rund 10 Kilometer nördlich von Fürstenfeld, hat Norbert Hackl die Sache mit dem Schwein buchstäblich zu Ende gedacht – und die Konsequenzen gezogen. Seit 2003 züchtet er auf seinem → **Labonca Biohof** in ganzjähriger Freilandhaltung das „Sonnenschwein". Die Basis für die in Herden gehaltenen Tiere bilden Duroc-Eber und Schwäbisch-Hällische Mutterschweine. Diese Rassen sind bekannt für ihre hohe Fleischqualität und zudem robust, sodass sie auch den Winter im Freien – es gibt natürlich Unterstände – gut verkraften. 2010 erhielt Hackl als erster Bauer den Österreichischen Tierschutzpreis. 2011 eröffnete er das Verkaufs- und Verkostungslokal, wo neben den hauseigenen „Schweinereien" auch Produkte anderer Bioproduzenten angeboten werden (zum Beispiel Käse, Gemüse, Backwaren) und immer wieder ein Biofest (inklusive Shuttlebus zum Sonnenschwein-Gehege) stattfindet.

Das für sie logische letzte Glied der Kette schmieden Norbert Hackl und Gattin Ulrike mit einem einzigartigen Projekt: dem Weideschlachthaus. Es entsteht auf einer 8000 Quadratmeter großen Weide in Burgau.

RECHTS: *Die Sonnenschweine des Labonca Biohofs in Burgau kann man besuchen. Im Hofladen werden neben den hauseigenen Produkten auch Erzeugnisse anderer Biobetriebe angeboten.*

Das Gelände rund um das Schlachthaus mit Verarbeitungs- und Kühlräumen ist so gestaltet, dass die Tiere schon Tage vor der Schlachtung angeliefert werden und sich an die neue Umgebung gewöhnen können. Damit werden Angst und Stress vermieden. Die Tiere werden am Futterplatz elektrisch betäubt und nach spätestens fünfzehn Sekunden entblutet. Außergewöhnlich ist auch die Finanzierung des Projekts. Privat- und Kleinanleger können einen bis maximal fünf „Genuss-Scheine" im Wert von je 1000 Euro erwerben. Die Rückzahlung erfolgt in Form von zehn jährlichen Gutscheinen à 130 Euro für Naturalien aus dem Verkaufslokal „Labonca – sauGut & KOSTbar" (in Wien ist auch Hauszustellung möglich). Der Investor lukriert also rein rechnerisch in 10 Jahren 300 Euro. Doch der eigentliche Gewinn besteht darin, dass man höchstwertige Lebensmittel erhält und gleichzeitig ein beispielgebendes Projekt fördert.

Als einer der kommerziellen Partner beteiligt sich auch Josef Zotter an dem Projekt. Weil er, wie Norbert Hackl berichtet, will, dass die Tiere aus seinem „essbaren Tiergarten" auf schonendste Weise geschlachtet und mit den gleichen Prinzipien verarbeitet werden. Menschen wie Zotter und seine Unternehmungen seien ihm selbst Ansporn gewesen, fügt der Bio-Pionier hinzu. Gattin Ulrike nennt noch eine andere Motivation: „Wir sind so nahe an der ungarischen Grenze, dem ehemaligen Eisernen Vorhang. Da war eigentlich nichts. Irgendwas musste man sich einfallen lassen."

SCHINKEN UND SCHWEINEFLEISCH
Adressen

→ **Weingut Krispel**
Daniela, Anton und Stefan Krispel
Neusetz 29, 8345 Hof bei Straden
Tel. 03473/7862
wein@krispel.at
www.krispel.at

→ **Urlmüller's**
Johann Unger
Schwabau 9a, 8345 Straden
Tel. 03473/8000
Mobil: +43 664 4954538
info@urlmuellers.at
www.urlmuellers.at

→ **Gasthof-Fleischerei Haiden**
8091 Jagerberg 6
Tel. 03184/8227
erwin.haiden@direkt.at
www.gasthof-fleischerei-haiden.at

→ **Labonca Biohof**
8291 Burgau 54
Tel. +43 699 81210911
norbert.hackl@labonca-biohof.at
www.labonca.at

→ www.vulcano.at

→ www.johann.st

Weitere Qualitätsproduzenten:

→ www.fleischhauerei-thaller.at

→ www.vulkanland-schwein.at

→ www.triebl-styria.at

RECHTS: *Wolfgang Wiedner, Ohne Titel, 2013*

DIE KÄFERBOHNE

Ein Sensiberl

Sie ist eine Schönheit in jeder Lebensphase: als junge Pflanze mit ihren eleganten, feinziselierten Blättern; später, wenn sie sich hochrankt, mit ihren leuchtend roten und weißen Blüten, die an die Zugehörigkeit zu den Schmetterlingsblütlern erinnern; schließlich als Frucht mit perfekten Rundungen und einem faszinierenden Farbenspiel in Lila-, Violett- und Brauntönen, manchmal auch in schlichtem Weiß. Die Käferbohne ist ein Kunstwerk der Natur. Und in der Südoststeiermark mit ihrem mediterran beeinflussten „illyrischen Klima" gedeiht sie besonders gut. Rund 250 Tonnen jährlich werden hier eingebracht, wenn das Wetter mitspielt – fast 90 Prozent der gesamtösterreichischen Käferbohnenproduktion.

Die Käferbohne ist ein steirisches Markenzeichen weit über die Landesgrenzen hinaus. Eine österreichweite Umfrage zum steirischen „Nationalgericht" würde mit großer Sicherheit Käferbohnensalat mit Kernöl ergeben – in der Steiermark selbst sowieso. Die steirische Landwirtschaftskammer und viele Produzenten wollen für die Käferbohne den EU-Herkunftsschutz erreichen. Das ist mehr als eine Prestigefrage. Denn vor allem aus China drängt Billigware auf den heimischen Markt, deren Produktionsbedingungen kaum zu kontrollieren sind. Nach den schlechten Erntejahren 2012 und 2013 mit Totalausfällen in einigen Anbaugebieten griff der größte steirische Vermarkter auf chinesische Importe zurück, die auch als solche ausgewiesen werden. Schummeln sei ohnedies nicht möglich, heißt es aus der Landwirtschaftskammer: Mit dem Isotopentest lasse sich die steirische Herkunft eindeutig nachweisen.

Warum die Käferbohne so heißt, lässt sich hingegen nicht zweifelsfrei sagen. Wegen ihrer Ähnlichkeit mit Käfern, lautet eine Version. Wegen der Käfer, die mitunter an ihr knabbern, eine andere. Der offizielle Name lautet Feuerbohne (Phaseolus coccineus L.). Prunkbohne ist eine andere, besonders einleuchtende Bezeichnung. Auch Arabische oder Türkische Bohne wird sie genannt. Die Ursprünge der Bohnen, die zu den ältesten Kulturpflanzen der Erde zählen, liegen in Amerika. Die Feuerbohne wurde, entsprechend der gängigsten Version, im 16. Jahrhundert von Eroberern aus Zentralamerika nach Europa gebracht. Die

LINKS: *Ein steirischer Klassiker.*

RECHTS: *Michaela Summer widmet sich ganz der Kultivierung und Veredelung der kapriziösen Hülsenfrucht.*

Bezeichnung Türkische Bohne wiederum könnte daher rühren, dass die Pflanze im 17. Jahrhundert über die Krim nach Osteuropa gelangte.

In der Südoststeiermark wird sie jedenfalls seit dem 19. Jahrhundert kultiviert. Der traditionelle, sehr arbeitsaufwändige Anbau mit Stangen wurde in den vergangenen Jahren immer mehr durch die kombinierte Aussaat mit Mais abgelöst. Warum, das erfahren wir von einer der kompetentesten Auskunftspersonen zum Thema: der steirischen Käferbohnenkönigin Michaela I. Michaela Summer, wie sie mit bürgerlichem Namen heißt, hat 2012 in Dietzen, Gemeinde Halbenrain, das „Käferbohnenkabinett" eingerichtet. Es gehört zur Hausmanufaktur auf dem Hof, der seit jeher → __Bäcksteffl__ heißt, und den sie gemeinsam mit den Eltern bewirtschaftet. Der Gatte führt daneben einen Maler- und Anstreicherbetrieb.

Käferbohne und Mais ergänzen einander geradezu ideal, erläutert Michaela Summer: Die Bohne holt sich Stickstoff aus der Luft und gibt ihn an den Boden ab, wo er dem Mais als natürlicher Dünger dient. Die Maispflanzen, im Volksmund Sterzbäumchen genannt, bieten der Bohne die notwendige „Aufstiegshilfe". Dabei sind Pflanzenschutzmittel tabu. Denn die Käferbohne ist, was bei einer Schönheit nicht verwundern sollte, ziemlich kapriziös, ein Sensiberl sozusagen. Ist die Pflanze erst einmal aus der Erde, verträgt sie keinerlei Chemie. Und ist es zu trocken, wirft sie nach und nach die Blüten ab, um zu überleben. Das war in den heißen Sommern 2012 und 2013 großflächig der Fall. Für 2014 kündigte sich, als diese Zeilen geschrieben wurden, eine gute Ernte an. Trotzdem blieb Michaela Summer zurückhaltend, aus Erfahrung: „Das weiß man erst am Schluss."

Geerntet, eigentlich gedroschen, werden Bohnen und Mais gemeinsam und dann maschinell getrennt. Nach Trocknung und Reinigung werden die Bohnen handverlesen, wobei die weißen Exemplare wegkommen – wegen der Optik. Apropos handverlesen: Wer einmal Käferbohnen aus den trockenen Hülsen „gekiefelt" hat und dann mit den Fingern durch die Ernte gestrichen ist, wird diese geradezu meditative Erfahrung nicht mehr vergessen. Lassen Sie Kinder einen Korb voller Hülsen auslösen, und sie werden in dieser Zeit nichts von ihnen hören. Michaela Summer berichtet dazu passend, dass in Deutschland wegen der beruhigenden Wirkung sogar Käferbohnen-Bäder angeboten werden.

Ihr selbst wären die Bohnen dafür selbst bei einer Superernte zu kostbar. Und das im Wortsinn. Im Käferbohnenkabinett werden die Früchte in allen erdenklichen Varianten veredelt: zu Fruchtaufstrichen in Kombination mit Isabella-Trauben – ein ausgesprochener

REZEPT *Restaurant Malerwinkl*

Käferbohnenreis mit Erdäpfeleis und Weichseln

Für 4 Personen

Käferbohnenpüree:
500 g Käferbohnen
200 g Staubzucker
50 g Vanillezucker
1/16 l Wasser

1 Die Bohnen zunächst in kaltem Wasser über Nacht einweichen, abschütten. Anschließend weichkochen oder im Dampfgarer dämpfen. Alle Zutaten im Mixer mit dem Wasser fein mixen.

Erdäpfeleis (Rezept von Helga für normalen Haushalt adaptiert):
1000 g Milch
300 g Erdäpfel gewaschen
200 g Kristallzucker
1/2 Stk. Vanilleschote

2 Erdäpfel mit Schale weich kochen, schälen und durch die Kartoffelpresse drücken. Milch aufkochen mit Zucker und gepressten Erdäpfeln mixen, passieren und in der Eismaschine frieren.

Weichselkompott:
250 g Weichseln
50 g Zucker
25 g Wasser
125 g Muskateller
5 g Maizena

3 Aus Zucker und Wasser einen hellen Karamell kochen. Mit Muskateller ablöschen und Weichseln zugeben. Ein Mal aufkochen lassen. Maizena mit etwas Wasser anrühren und das Kompott eindicken.

Mandelkrokant:
180 g Mandeln, gehobelt
100 g Staubzucker
30 g Mandeln
1 Prise Salz

4 Alle Zutaten vermengen und bei 160 °C 20 Minuten backen.

5 Anrichten:
Fertiges Käferbohnenpüree durch eine Erdäpfelpresse drücken und auf Teller platzieren.
Weichseln darauf verteilen. Mandelkrokant darauf verteilen. Eisnockerl abstechen und mit Schlagobers und Zitronenmelisse vollenden.

HELGAS TIPP: *Käferbohnenpüree mit fertigem Vanilleeis und verfügbarem Fruchtgelee oder -kompott servieren.*

DIE KÄFERBOHNE
Adressen

→ **Bäcksteffl**
Familie Summer & Hofer
Dietzen 32, 8492 Halbenrain
Tel. 03476/3708
Mobil: +43 664 4151989
info@baecksteffl.at
www.baecksteffl.at

→ www.steirische-spezialitaeten.at

Renner –, Wassermelonen oder Walnuss, um nur einige Beispiele zu nennen. Das alles können Gäste bei Führungen durch das Kabinett (mittwochs und freitags um 16 Uhr oder mit Voranmeldung) auch verkosten. Ein Käferbohnen-Likör befand sich zum Zeitpunkt unseres Gespräches noch in der Experimentierphase.

Ernährungsphysiologisch ist das Besondere an der Käferbohne ihr hoher Eiweißgehalt. Das macht sie zu einem vollwertigen Fleischersatz. Dazu kommen laut Experten große Mengen an Vitamin B, Mineralien und Spurenelementen mit entzündungshemmenden und krebsvorbeugenden Wirkungen. Aber dieser technische Steckbrief kann das Erfolgsgeheimnis der Käferbohne nicht annähernd so erklären wie Karl Bajano, der das Faszinosum dieser Frucht mit dem Geschmackssensorium eines anerkannten Weinexperten beschreibt. Ihn wollen wir zum Abschluss zitieren (entnommen der Website www.steirische-spezialitaeten.at): „Ein Hauch Widerstand durch die dünne Schale, danach eröffnet sich ein sinnliches Bohnenvergnügen. Fein und cremig schmeichelt der Kern dem Gaumen, beinahe schmelzend mit einer eleganten Anmutung von Maronipüree, begleitet vom reizvollen Biss der Haut. Ganz zarte nussig-pfeffrige Nuancen und angedeutete Süße ergeben den perfekten Nachgeschmack."

Wie gesagt: eine kapriziöse Schönheit. ■

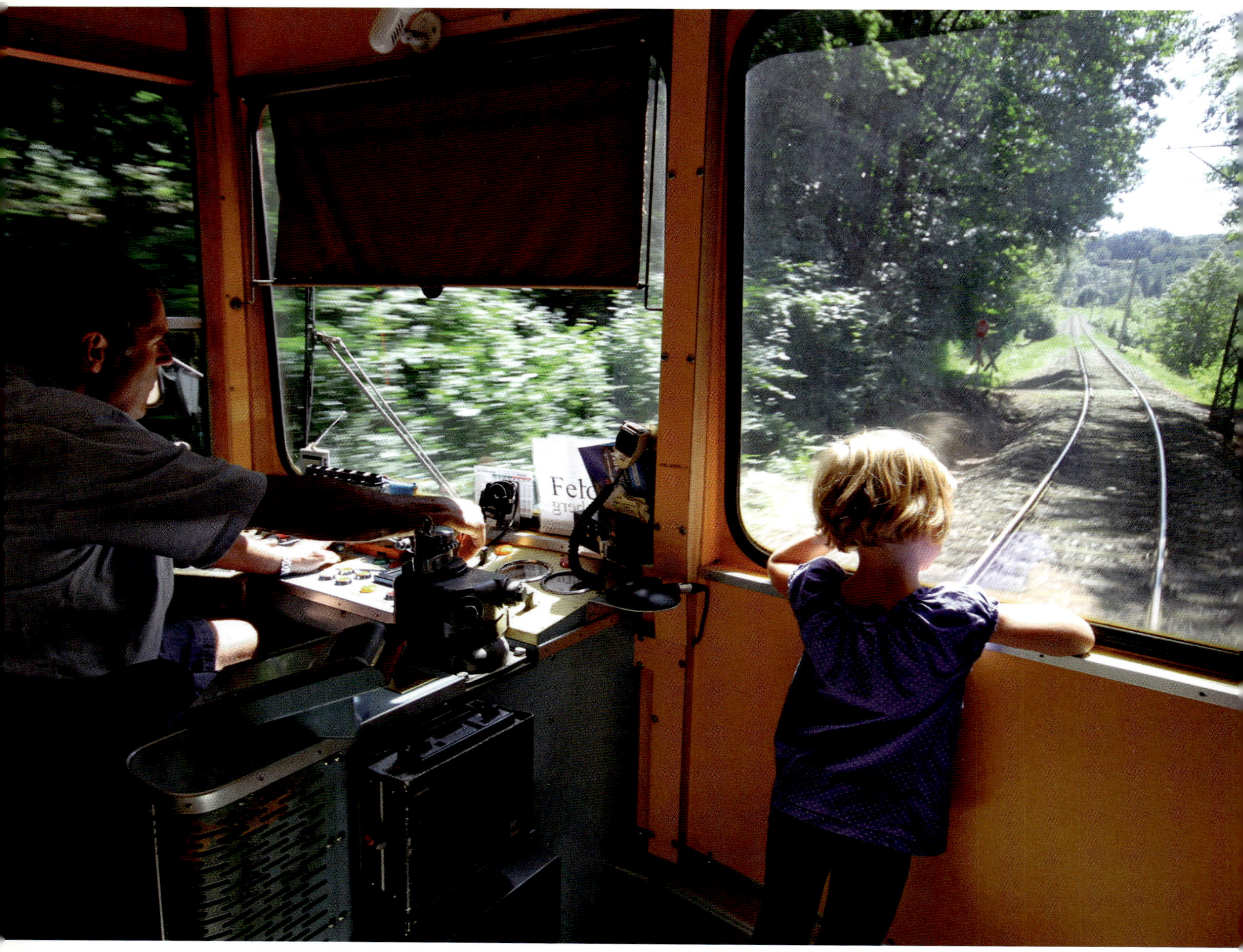

DIE GLEICHENBERGER BAHN
Dschungel-Express ins Heilbad

Ihre Einstellung, die schon mehrmals in der Luft hing, würde vermutlich einen Volksaufstand auslösen. Nicht, weil die → **Gleichenberger Bahn** ein unentbehrliches Nahverkehrsmittel wäre. Da hat sie ihre besten Tage hinter sich. Aber gerade das macht wahrscheinlich den hohen ideellen und nostalgischen Wert aus, den die Elektrische bei Einheimischen und Touristen gleichermaßen genießt. Sie steht quasi für eine Welt, in der Tempo und Effizienz nicht alles bedeuten, in der auch Umweg und Innehalten ihren Sinn haben. Damit verkörpert sie wohl die Sehnsucht vieler Menschen, die nur höchst selten oder gar nicht mit ihr fahren.

Der Dschungel-Express, wie die Bahn liebevoll-treffend genannt wird, durchquert auf seiner Berg- und Talfahrt mit rund 80 Bahnkreuzungen zwischen Feldbach und → **Bad Gleichenberg** Wiesen, Felder und Wälder. Immer wieder öffnen sich dabei wunderbare Rundblicke über das Vulkanland. Der erste Spitzname lautete Ringelspielbahn, wegen der verschlungenen Trassenführung, die aus ursprünglich geplanten 8 Kilometern 21 Kilometer machte. Das Motiv dahinter: möglichst viele Orte anzubinden – infrastrukturell durchaus sinnvoll. Dass das etwas abseits gelegene Gnas dazukam, geht dem Vernehmen nach auf die energische Fürsprache des damaligen Landtagsabgeordneten Hans Roth, Begründer der örtlichen Unternehmerdynastie, zurück. Wegen des ausgeprägten Lokalpatriotismus seiner Bewohner wird der Ort scherzhaft heute noch „Freie Republik Gnas" genannt. Ein Jahr vor der Eröffnung der Gleichberger Bahn im Juni 1931 zog Roth übrigens in den Nationalrat in Wien ein.

Schon im Jahr nach der Inbetriebnahme begannen die Planungen für eine Verlängerung nach Unterpurkla zum Anschluss an die Radkersburger Bahn. Das Projekt wurde allerdings nie verwirklicht. Wäre es anders gekommen, man hätte darin nicht nur die infrastrukturelle, sondern auch eine emotionale Vorarbeit für den Bezirk Südoststeiermark sehen können. Dieser entstand am 1. Jänner 2013 durch Zusammenlegung der Bezirke Feldbach und Radkersburg. Vor allem unter den Bewohnern des Bezirkes Radkersburg, von denen sich viele eher nach Westen, zum Bezirk Leibnitz hin, orientieren, war die Begeisterung enden wollend, wie man hört. Wenn man aber weiß, wie beliebt die Gleichenberger Bahn in der Region ist, kann man sich vorstellen, dass ein Anschluss an die Radkersburger Bahn das Zusammengehörigkeitsgefühl gestärkt hätte.

LINKS: *Ein entschleunigtes Erlebnis – nicht nur für Kinder.*

MITTE: *Einst beliebtes Wanderziel für Kurgäste: der Johannesbrunnen bei Straden.*

RECHTS: *Frischer Wind im alten „Curort": der neu gestaltete Hauptplatz.*

Glanzzeiten

Zwischen 1962 und 1970 gab es übrigens eine direkte Verbindung mit Dieseltriebwagen von Wien Südbahnhof nach Bad Gleichenberg, den „Oststeirer"; danach noch einige Jahre immerhin einen Kurswagen von Wien nach Gleichenberg. Das verweist auf den nachhallenden Ruf eines der berühmtesten und beliebtesten Kurorte der Habsburger Monarchie. Seine Glanzperiode erlebte der nicht nur wegen seiner Heilquellen, sondern auch für sein mildes Klima geschätzte Ort in den letzten Jahrzehnten des 19. und Anfang des 20. Jahrhunderts bis zum Ausbruch des Ersten Weltkriegs, und dann noch einmal in der Zwischenkriegszeit.

Ria Mang, Kuratorin des Curmuseums, erzählt bei ihren Führungen höchst amüsante Geschichten. Etwa über die legendäre Lendenkraft eines prominenten Stammgastes, die auch in der Region ihre Spuren hinterlassen hatte. Es handle sich um den österreichfreundlichen serbischen König Milan.

Wie Anatol P. Fuksas in „Bad Gleichenberg – Geschichte eines steirischen Heilbades" erwähnt, gab Woerls Reisehandbuch (Leipzig 1902) folgende Fahrzeiten – in Stunden – nach Bad Gleichenberg an: von Agram (Zagreb) 15, Belgrad 18, Berlin 25, Budapest 10, Bukarest 19, Graz 2 1/2, Innsbruck 20, Lindau 29, Moskau 53, München 19, Odessa 45, Riga 53, Triest 13 und Wien 9. Daraus lässt sich schließen, dass das südoststeirische Heilbad weit über die Grenzen der Monarchie hinaus ein Begriff war. Sehr beliebt waren Gleichenberger Kuraufenthalte vor allem im jüdischen Großbürgertum. Für jüdische Gäste, die während der Kur verstarben, wurde 1880 im benachbarten Trautmannsdorf ein jüdischer Friedhof errichtet. Die im Stil an eine Synagoge erinnernde Aufbahrungshalle steht heute noch.

Aber: Die mondänen Zeiten sind vorbei. Im jährlichen Biedermeierfest Mitte Juni lässt man sie wiederaufleben, inklusive Kutschen-Auffahrt des kaiserlichen Paars. Ob man das als Zuviel an Nostalgie erachtet oder ganz amüsant findet – an der Heilkraft der Gleichenberger Quellen hat sich jedenfalls nichts geändert. Sie helfen bei Atemwegserkrankungen, Herz-Kreislauf-Beschwerden, Beeinträchtigungen des Bewegungs- und Stützapparates und Hautkrankheiten wie Neurodermitis und Schuppenflechte – also bei fast allem.

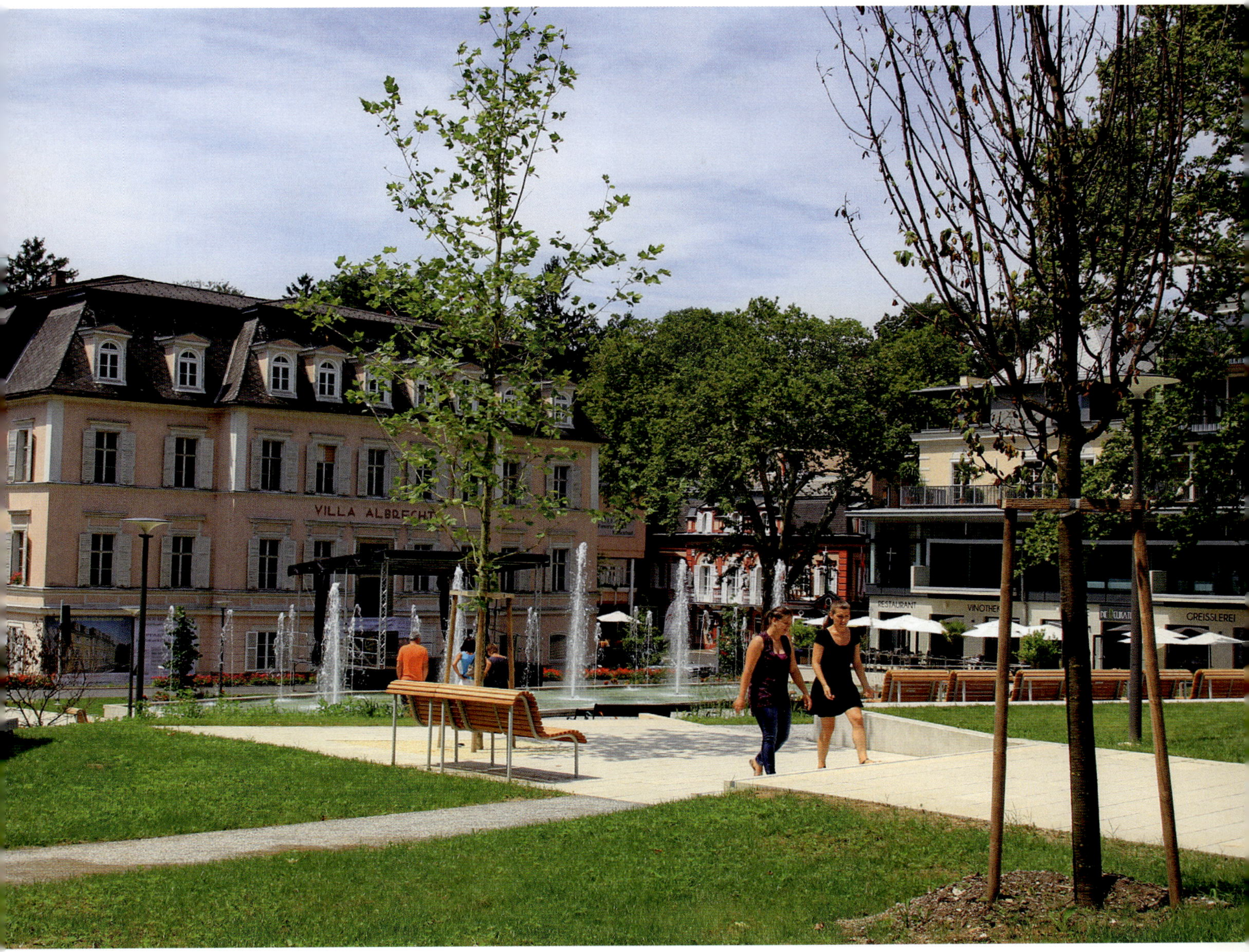
VILLA ALBRECHT
RESTAURANT
GREISSLEREI

Im Ort selbst macht sich nach einer längeren Durststrecke wieder Aufbruchstimmung breit. Anstelle der alten Nobelhotels vermitteln heute meist als Familienbetriebe geführte Häuser ihren Gästen ein Gefühl von persönlicher Betreuung und Geborgenheit. Nachdem die Therme komplett erneuert wurde, tut sich auch kulinarisch einiges. Im Zentrum gibt es eine gut sortierte Vulkanland-Vinothek. Wo einst ein imposantes Hotel stand, wurde ein terrassenförmiger Platz mit einem Fontänenbrunnen geschaffen, flankiert von mächtigen alten Platanen. Die regelmäßigen Wasser-Musik-Spiele lassen sich besonders schön auf der Terrasse der „Delikaterie" genießen. Dieses architektonisch interessant gestaltete Gastlokal mit integriertem Feinkostladen bietet eine kreative Küche auf regionaler Basis und eine darauf abgestimmte Weinauswahl. Die aus Weinflaschen gestalteten Luster symbolisieren diese kulinarische Philosophie auf das Erhellendste. Nach solch stilvoller Labung wandert es sich entspannt durch den „englischen" Kurpark zurück zum Bahnhof.

Wer sich noch etwas Hunger aufgespart hat, kann auf der Rückfahrt nach Feldbach nach wenigen Minuten gleich wieder aussteigen: von der Station Trautmannsdorf sind es nur wenige Schritte zum → **Leitgeb.** Buschenschank wie Weingut zählen zu den Spitzenbetrieben. Die „Saurierplatte", um nur ein Beispiel aus dem Jausenangebot zu nennen, ist nicht nur verbal eine Anspielung auf den nahe gelegenen Styrassic Park und setzt somit entsprechenden Appetit voraus. Bei etwas Glück können die Gäste einen Live-Auftritt des Hausherrn Engelbert Leitgeb erleben, der sein Metier als Jagdhornbläser virtuos beherrscht.

LINKS: *Auf dem neuen Vulkanland-Markt gibt's – zum Beispiel – im Herbst eine Sturm-Verkostung.*

UNTEN: *Wenn sich der Dschungel öffnet…*

Der Leitgeb ist nur eine von vielen Buschenschanken, deren Besuch sich mit einer Bahnfahrt verbinden lassen. Man kann Züge – entweder einen der beiden Triebwagen oder einen Salonwagen mit Lok – auch chartern, für Geburtstagsfeiern, Hochzeiten oder andere Anlässe. Und man kann die Bahnfahrt (eine Strecke dauert 32 Minuten) mit Wander-, Rad- oder Kulinariktouren kombinieren. Eines ist immer garantiert: ein entschleunigtes, heiteres Erlebnis mitten im so gar nicht bedrohlichen südoststeirischen Dschungel. ■

DIE GLEICHENBERGER BAHN
Adressen

→ **Gleichenberger Bahn**
www.stlb.at
Sonderfahrten: Tel. 03152/2235-11

→ www.bad-gleichenberg.at

→ **Geführte Wanderungen**
Tel. 03159/2230

→ **„Steirische Landpartie"**
Tel. 0664/6387645
office@suedoststeiermark.at

→ **Weingut Leitgeb**
Buschenschank, Gästehaus
8343 Trautmannsdorf 104
Tel. 03159/2885
www.weingut-leitgeb.at

DER HOLUNDER

So ein Holler

Der Name Holunder leitet sich aus dem althochdeutschen *holuntar* ab, was „heiliger Baum" bedeutet. In der Volksmedizin standen Blüten, Blätter, Rinde und Beeren des Hollers immer schon in hohem Ansehen.

So ist für meine Mutter – sie hat 2014 immerhin ihren 99. Geburtstag gefeiert – der tägliche Löffel „Hollersoißn" die beste Vorbeugung gegen Grippe. Für diese Medizin hat sie die Holunderbeeren im eigenen Saft mit wenig Zucker zu einer geleeartigen Masse verkocht. Meine Schwiegermutter wiederum schwört auf den Tee aus Hollerblüten, den sie mit Honig und Zitrone verfeinert literweise bei den kleinsten Anzeichen einer Verkühlung trinkt. Mit diesen beiden Gesundheitsrezepten ist die gesamte Familie heilsam infiziert.

Diesbezüglich hat sich der Schwiegervater – Gott hab ihn selig – mit seinem Ausdruck starker Missbilligung für eine Sache jedenfalls nicht durchgesetzt. „So ein Holler!" Das kann nach subjektiver Erfahrung wie nach objektiven Erkenntnissen nur noch positiv besetzt sein.

In den vergangenen Jahren haben Wissenschafter den Holunder und dessen Inhaltsstoffe vermehrt erforscht und bestätigt, was man, siehe oben, immer schon wusste: der Holunder ist reich an Vitaminen, Mineralien und Spurenelementen und verfügt über einen erstaunlich hohen Gehalt an Aminosäuren.

Jetzt ist es aber auch quasi offiziell bewiesen, dass der Holler sowohl antibakteriell als auch antiviral wirkt. Zusätzlich wirkt er günstig auf Kreislauf, Gefäße und Cholesterinwerte und verbessert ebenfalls die Nachtsichtfähigkeit. Bahnbrechend in der Forschung ist jedoch der Nachweis von über 4000 Biophenolverbindungen im Holunder. Eine überragende Eigenschaft der Biopolyphenole ist es, freie Radikale zu fangen, die nach heutigen wissenschaftlichen Erkenntnissen als Verursacher von etwa 50 verschiedenen Erkrankungen gelten. Zu diesen Krankheiten gehören Arteriosklerose (Schlaganfall und Herzinfarkt), Krebs, Morbus

LINKS: *Herbstlicher Hollerbaum: eine Farbensymphonie, die die Wirkung erahnen lässt.*

RECHTS: *Ein weiteres Beispiel für die vielseitige Verwendbarkeit der Wunderpflanze.*

Alzheimer oder Morbus Parkinson. Kein Wunder also, dass der Holunder in Österreich bereits 1998 zur Heilpflanze des Jahres erklärt wurde.

Da scheint es doch wirklich zu schade, den südoststeirischen Holler zu „Hightech"-Lebensmittelfarbe in vielen Variationen für unterschiedlichste Einsatzbereiche verarbeiten zu lassen und die Nahrungsmittelindustrie mit natürlichen Farbprodukten zu beliefern, dachten sich sieben Obstbauern rund um St. Anna am Aigen. Sie haben mit wissenschaftlicher Begleitung den „Holler Vulkan", einen neuen Gesundheitssaft kreiert, der nebenbei ganz köstlich schmeckt. Holler Vulkan ist eine überaus gelungene Kombination aus Holundersaft, Apfelsaft, rotem und schwarzem Ribiselsaft sowie Saft von der Aroniabeere.

Schutz vor Bösem

Dem „heiligen Baum" schrieb man von alters her auch magische Kräfte zu. Man pflanzte den Holunder oft zum Schutz gegen böse Geister und gegen den Blitzeinschlag als Hausbaum. Deshalb sieht man vor allem bei zahlreichen alten Häusern Holunderbüsche stehen, die teils schon beträchtliche Größen erreicht haben.

REZEPT *Schlosswirt Kornberg*

Holunderschaumsuppe mit gebackener Holunderblüte

Für 4 Personen
Zubereitungszeit ca. 35 Minuten

→ **Suppe:**
30 frische Holunderblüten
1 l Geflügelfond (oder Gemüsefond)
30 g Butter
1/8 l Weißwein
30 g Zwiebel, fein geschnitten
2 Stück mittlere Erdäpfel (roh, geschält)
1/4 l Schlagobers
1/8 l Crème fraîche
2 EL Holunderblütenöl
Salz, Pfeffer

→ **Teig (für Holunderblüten):**
1/8 l Milch
1 Ei
100 g Mehl glatt
Zucker, Salz
Öl zum Ausbacken

1 Holunderblüten morgens pflücken, da sie dann am meisten Geschmack haben. Die Holunderblüten in kalten Geflügelfond geben und über Nacht im Kühlschrank ziehen lassen.

2 Die Zwiebeln in Butter anschwitzen und die Kartoffeln geviertelt dazugeben. Kurz durchrösten und mit Weißwein ablöschen, reduzieren lassen.

3 Mit dem Holunderblüten-Geflügelfond aufgießen und um die Hälfte einkochen.

4 Obers und Crème fraîche beigeben. Mit Holunderblütenöl, Salz und Pfeffer abschmecken.

5 Für die gebackenen Holunderblüten zunächst aus den angegebenen Zutaten einen Palatschinkenteig machen. Die Holunderblüten eintauchen, gut abtropfen lassen und in Öl knusprig ausbacken. Auf die heiße Suppe geben und servieren.

TIPP: *Holunderblütensirup für ein süßliches Aroma verwenden.*

DER HOLUNDER
Adressen

→ **Familie Gangl**
Pichla 31, 8355 Tieschen
Tel. +43 664 1449351
www.kobatl.at
info@kobatl.at

→ **Renate und Johann Christandl**
Unterweißenbach 23, 8330 Feldbach
Tel. 03153/2107
Mobil: +43 676 6500891
office@hollervulkan.at
www.hollervulkan.at

Ein beschützender Naturgeist ist auch der Namensgeber für weitere Gesundheitslebensmittel auf Basis von Holler: „Kobatl" ist nicht nur der Vulgoname des Hofes von Familie Gangl in Tieschen im Herzen des Steirischen Vulkanlandes, sondern steht für die Anderswelt, für jenen Bereich des Lebens, der kaum Aufmerksamkeit erfährt. Kobatl steht für all das Verborgene, das die Gesundheit stärkt und die Vitalität fördert. Er steht für Naturstoffe und nimmt bewusst Abstand von allem industriellen Beiwerk. So ist diese Produktlinie ein wahres Lebens-Mittel.

„Kobatl Bitter-Vital", um hier nur ein Produkt zu nennen, ist eine Art Magie des Lebens: Vitamine, Öle, Omega-3-Säuren, Flavonoide, Anthozyane, Alkaloide, Bitterstoffe, Schleimstoffe – oder anders gesagt, Kräuter, Früchte, Holler, Dinkel, Hopfen, Kren, eine Spur Honig und noch anderes mehr sorgen für Vitalität. Bitter-Vital wirkt vorbeugend und gesund erhaltend. Die natürlichen Inhaltsstoffe von Bitter-Vital sind zudem im Körper entzündungshemmend, heilend und besonders verdauungsfördernd. So beschreibt es Familie Gangl, die diese Produktlinie gemeinsam mit Experten der TEM (Traditionelle Europäische Medizin) entworfen hat. ■

OBEN: *Pilger auf dem Weg zur Wallfahrtskirche Klein-Mariazell in Eichkögl (im Hintergrund).*

DIE LEBENSKRAFT

Nicht vom Brot allein

Eine besondere Charaktereigenschaft, die die Südoststeirer auszeichnet, ist die Begeisterung, mit der sie alles, von dem sie glauben, das es sein sollte, auch umsetzen. Und das machen sie meist nicht allein, weil sie wissen, dass es mit anderen, Gleichgesinnten leichter geht.

Wie in vielen Lebensbereichen, von der Kulinarik bis zum Handwerk, wird dieses Prinzip unter anderem bei der Pflege des immateriellen Kulturerbes gelebt. Und so zieht sich mittlerweile eine Vielzahl von Netzwerken übers Land, die die Lebenskraft der Region und der Menschen stärken. Die Netze wurden gewoben im Rahmen des Central Europe-Projektes „Cultural Capital Counts". Zehn Partner aus sechs europäischen Ländern erarbeiteten eine gemeinsame Strategie, die altes Wissen, Talente, Fähigkeiten und Gemeinschaften für nachhaltige regionale Entwicklung nutzt. Lebenskraft-Gemeinschaften wachsen und gedeihen seither hier auf fruchtbarem Boden.

Gesammeltes und Bewahrtes unterschiedlichster Art finden wir in den rund 50 größeren und kleineren Museen – unglaublich für diesen kleinen Flecken Land. Ein attraktives Alternativangebot für alle, die sich sonst durch ungünstige Wetterprognosen bei ihrer Freizeitplanung beeinflussen lassen.

Volkskultur anderer Art pflegen das Theater-Netzwerk und die Gemeinschaft der Chöre und Singkreise. Sie machen in unzähligen Vorstellungen das kreative Potenzial der Region sichtbar und beleben die vielfältige und bunte Lebens- und Festkultur.

Bunt geht es auch bei den Lebensgärtnerinnen zu. Sie lassen sozusagen das Land aufblühen. Ihre Leidenschaft zum „Gartln" zeigen sie in ihren privaten und öffentlichen Gartenanlagen. Ihr Wissen geben sie gerne im persönlichen Gespräch an Tagen der offenen Gartentür und bei Seminaren weiter.

Reise ins Innere

Vernetzt sind die rund 600 Kilometer Wanderwege, die sich durch das Land ziehen. Auf den Spuren der Vulkane fließen die Wege durch die Landschaft wie die Meridiane durch unseren Körper. Dies zeigt sich auf der Wanderkarte in Form eines Menschen in der Natur. Geologie, Geomantie, Kulinarik, Sagen und Mythen begleiten uns hier auf den unterschiedlichen Themenwegen. Und weil das Ganze mehr ist als die Summe seiner Teile, sind alle Touren miteinander verbunden und stehen seit 2014 unter einem „Spirituellen Dach".

RECHTS: *Innehalten und Krafttanken auf der „Huabn". Rechts die dem menschlichen Körper nachempfundene Vulkanland-Wanderkarte.*

Wer gerne noch tiefer in den „Spirit of regions" eintauchen will, dem sei empfohlen, sich von einer Botschafterin des Vulkanlandes führen zu lassen. → **Gabriele Grandl** ist Projektkoodinatorin von „Spuren der Vulkane" und kennt alle besonderen Menschen und sehenswerten Plätze hier. Sie stellt für Einzelne oder Gruppen gerne eine erlesene, maßgeschneiderte Tour zusammen. Ihr besonderes Herzensanliegen ist es, Menschen bei einer geomantischen Wanderung zu begleiten. Sie kennt die natürlichen Punkte im Gelände, bei denen man zur Landschaft und gleichzeitig zu sich selbst finden kann.

Und sie führt uns in die nächste Gemeinschaft. Mit ihrem → **Sonnenhaus,** das idyllisch auf dem Wiedener Hügel über dem Innovationszentrum in Auersbach liegt, ist Gabi Grandl im „Landlust"-Netzwerk der Landhäuser und Hotels vertreten. Deren gemeinsames Credo sind Regionalität, Qualität und vor allem familiäre Atmosphäre. Wohlfühlen ist hier also garantiert.

Natürliche Heilkräfte und Volksmedizin

81 Wege zu Lebenskraft und Gesundheit – diese spurt das „Forum Lebenskraft und Gesundheit", das 2014 ins Leben gerufen wurde. Von A-roma-Therapie bis Z-en-Meditation bieten die Teilnehmer geballtes Wissen über natürliche Heilkräfte und ganzheitliche Gesundheit an. Von der Weltgesundheitsorganisation (WHO) wird Gesundheit als „Zustand des vollständigen, körperlichen, geistigen und sozialen Wohlbefindens und als ein wesentlicher Bestandteil des alltäglichen Lebens" definiert. Ganz in diesem Sinn gibt es Angebote für Bewegung, Balance und Sport, für ganzheitliche Prävention, Lebensbegleitung und Beratung, für physikalische und energetische Anwendungen, Klang & Kunst und für gesunde Ernährung und Naturheilmittel. Damit ist das Forum Lebenskraft und Gesundheit eine wertvolle Ergänzung zur hervorragenden medizinischen Versorgung in der Region. Alle Veranstaltungen sind auf der Website des Vulkanlandes ersichtlich.

Das Ziel – eine Region voller gesunder, zufriedener, glücklicher Menschen – ist hoch gesteckt. Die neu entstandenen gemeinsamen Angebote, etwa ein Gesundheitstag im Herz-Schritt, der auch für Gruppen, Unternehmen und Gemeinden maßgeschneidert wird, sowie die wachsende Zahl der Praxisgemeinschaften schaffen Synergien, die sowohl für die Kunden als auch für die Anbieter hilfreich sind. Und die es allen zusammen ermöglichen sollen, dem Ziel Schritt für Schritt näher zu kommen. ∎

DIE LEBENSKRAFT

Adressen

- www.museen.vulkanland.at
- www.archaeologie.vulkanland.at
- www.theater.vulkanland.at
- www.chorgesang.vulkanland.at
- www.straden-aktiv.com
- www.lebensgaerten.at
- www.spuren.at

- **Spirit of regions**
  Gabriele Grandl
  Auersbach 130, 8330 Feldbach
  Tel. +43 664 4541330
  touren@spiritour.at
  www.spiritour.at

- www.vulkanlandurlaub.at

- www.herz-schritt.at

- www.vulkanland.at/de/lebenskraft-urlaub-steiermark/gesund/

- **Sonnenhaus Grandl**
  8330 Auersbach 71
  Mobil: +43 664/4541330
  info@sonnenhaus-grandl.com
  www.sonnenhaus-grandl.com

- www.landlust.at

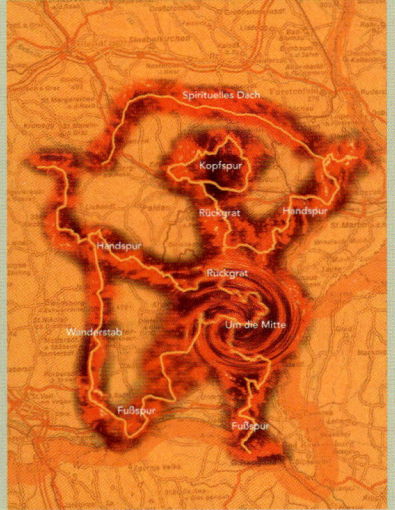

DAS HANDWERK

Mit den Sochn an Hoagl hobn

„Ma muaß mit den Sochn an Hoagl hobn!": Diese Weisheit stammt von Josef Obers Vater. Alles, was wir besonders schätzen, womit wir „an Hoagl hobn", wird zu etwas ganz Besonderem. Die Wiederentdeckung des „Hoaglprinzips", den Wert von Gegenständen und Menschen zu erkennen und zu schätzen, das hat zum Wandel der Region beigetragen, der heute überall sichtbar ist.

Diese Entwicklung wurde durch die Vision beflügelt, die europäische Handwerksregion zu werden. Das baut auf einer in der Südoststeiermark tief verwurzelten Handwerkstradition auf. In ihrer Zukunftsvision bekennen sich die beteiligten Handwerker zu Qualität, Regionalität und ökologischem Wirtschaften. Dies kann man hautnah in Manufakturen erleben, wo Einblick in Herkunft der Grundprodukte, Arbeitsweise und Qualitätsstandards gewährt wird. Spürbar ist es vor allem, wenn man in der Region einen Handwerker braucht. Wir haben hier nur solche erlebt, die erst zufrieden sind, wenn alles hundertprozentig passt. Handschlagqualität, großes Einfühlungsvermögen und eine praktische Lösung für alle auftauchenden Probleme zu haben, zeichnet „unsere" Handwerker aus. Und wenn wir dann ihre Arbeit geschätzt und gewürdigt haben, konnten wir auch das Leuchten in ihren Augen sehen.

Diese Freude auf der einen und die Professionalität auf der anderen Seite sind ganz typisch. Deshalb werden die Produkte weit über die Südoststeiermark hinaus geschätzt. Viele Betriebe gehen gemeinsame Wege in Produktentwicklung und Vermarktung – weil halt das gemeinsame Tüfteln mehr Spaß macht und zu besseren Ergebnissen führt. Wir stellen hier exemplarisch jene in die Auslage, die wir kennen. Zu entdecken gibt es eine Menge anderer, ob unterwegs im Zuge kulinarischer Streifzüge oder bei gezielter Suche im Internet.

Die Arbeiten der → Kornberger Design-Tischler etwa haben internationales Niveau. Sie sind ein gutes Beispiel dafür, wie befruchtend kreatives Miteinander sein kann. Perfekte Verarbeitung, zeitgemäßes Design und beste Funktionalität zeichnet ihre Produkte aus.

Das → Auersbacher Tischlerdreieck vereint die Schwerpunkte von drei Tischlermeistern zu einem ganzheitlichen Angebot. Stefan Genser ist Spezialist für Küchen, Schlafzimmer und Vorräume. Engelbert Haidinger ist der Experte für Türen, Stiegen und Böden. Walter Haidingers Stärken sind Wohn-, Badezimmer- und Büroeinrichtungen. Ihnen gemein ist die Liebe zum Tischlerhandwerk.

Gesundheit und Wohlfühlen liegt den Tischlern → Franz Gross und → Josef und Philipp Knaus am Herzen. Ihre strahlenfreien Betten vereinen

RECHTS: *Die „Woodi"-Kreationen von Peter Troißinger junior (Malerwinkl, siehe Tour 1) werden von der Tischlerei Gross hergestellt.*

UNTEN: *Der Chakrengarten vor dem Steinmetzbetrieb Trummer in Gnas.*

jahrtausendealtes Wissen mit neuem Design und neuen Techniken. Tiefe Einblicke in seine Tischlerei gewährt Philipp Knaus, wenn man im „Stillen Advent" unter Anleitung des Meisters seine eigene Laterne bauen kann.

Gegenseitige Befruchtung findet auch über den „Tellerrand" hinaus statt. Franz Gross und Peter Troißinger jun. vom Kunsthotel Malerwinkl haben ein formschönes Holzbrett mit patentiertem Einlagesystem entwickelt. Eine außerordentlich schöne Möglichkeit, Speisen aller Art zu präsentieren.

Für Liebhaber alter, liebevoll restaurierter Möbel sind die → **Antiquitätentischler Alois Scheicher** in der Nähe von Straden und → **Martina und Oswald Gölles-Valda** nahe Riegersburg einen Besuch wert. Altes wertzuschätzen, es zu bewahren und zu reparieren, ist eine der Antworten der Vulkanland-Vision auf die Wegwerfgesellschaft, die „Zuvielisation", wie Josef Ober sie nennt.

Gediegene Lebensraumgestaltung der floralen Art – dafür stehen Andreas Stern und Rainer Böhm in Feldbach mit ihrem → **Schlichtbarock**. Barock und schlicht – das sind eigentlich Widersprüche. Müssen es aber nicht sein, wie Stern und Böhm virtuos vorführen. Ihr individuelles Floraldesign und ihre einzigartige Gestaltung von Räumen aller Art kann man zum Beispiel in

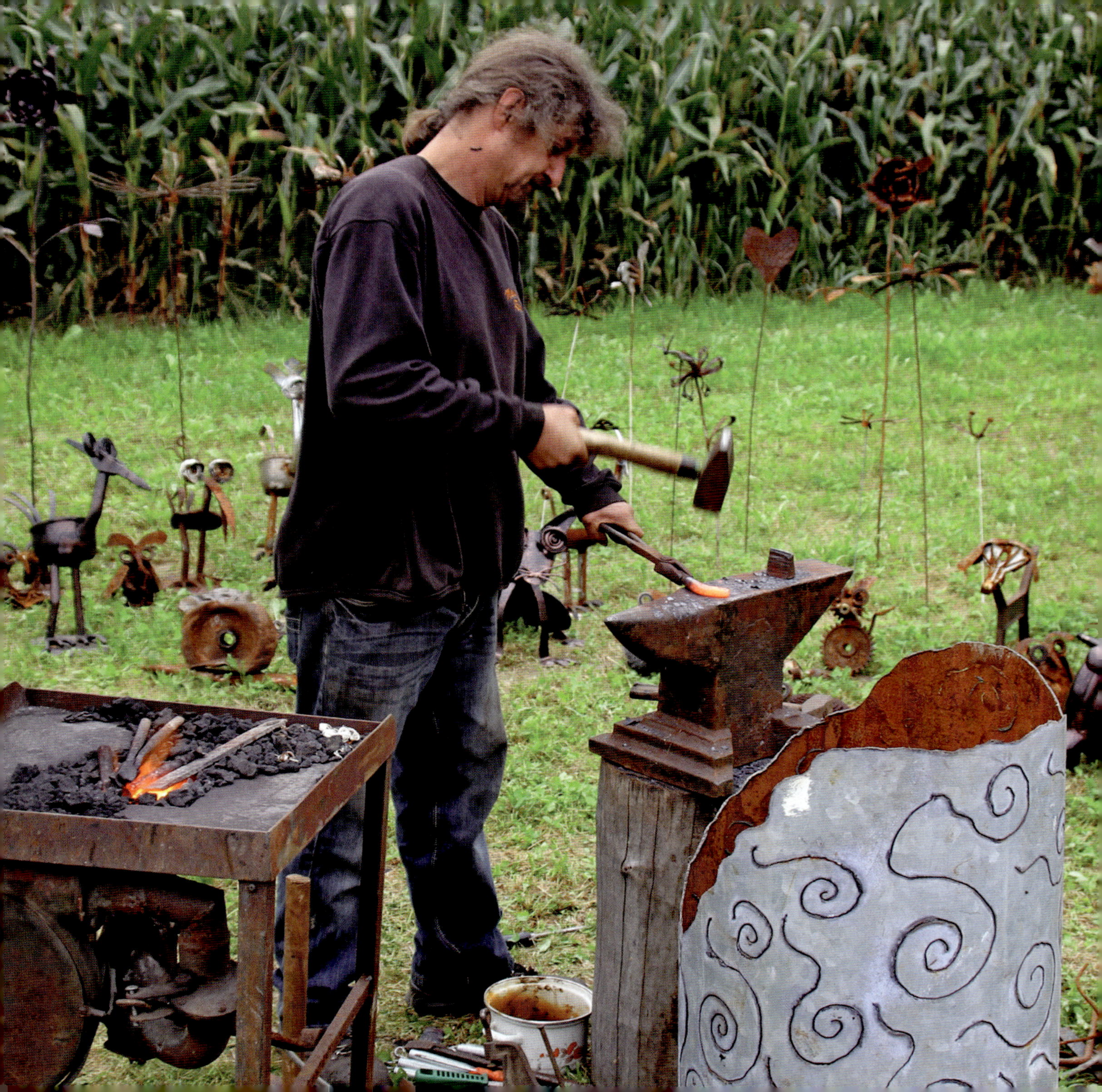

links: *Ein Gesamtkunstwerk: Markus Ritter mit einigen seiner Kreationen. Rechts vorne der Feuerkorb.*

unten: *Beim Korbflechten reichen die zwei Hände oft nicht aus.*

der Delikaterie in Bad Gleichenberg, beim SteiraWirt in Trautmannsdorf oder bei ihrer alljährlichen Weihnachtsausstellung in der Kugelmühle in Mühldorf bewundern.

Stein und Eisen

Schönes aus Naturstein schaffen die Vulkanland-Steinmetze. Mut zu neuen Lösungen, die Verbindung von traditionellem Steinmetzhandwerk und moderner Steinbautechnik sowie die enge Zusammenarbeit mit anderen Handwerksbetrieben machen die Arbeiten von → **Berthold Rauch** in Straden und → **Erich Trummer** in Gnas zu etwas Besonderem. Letzterer hat gemeinsam mit seiner Frau Agnes vor dem Firmengelände einen mit Steinen und Pflanzen gestalteten Chakrengarten angelegt. Hier gemächlich durchzugehen und bewusst die unterschiedlichen Energien der Stationen wahrzunehmen, ist ein besonderes Erlebnis, bei dem man gut auftanken kann. Das nutzen auch sie selbst und ihre Mitarbeiterinnen und Mitarbeiter regelmäßig, erzählt uns Agnes Trummer. Die ausgestellten Stücke, von Schalen über Bänke bis zu Kunstobjekten, und das gediegene Geschäftslokal sind ein zusätzlicher ästhetischer Genuss.

Eine Begegnung der besonderen Art ist ein Besuch beim → **Metallkünstler Markus Ritter** in Fladnitz an der Raab. Er recycelt Metallschrott aller Art zu einzigartigen Kunstwerken. Sehenswert ist seine Werkstatt, die mit kreativem Chaos nur unzureichend beschrieben werden kann. „Wenn i do amol aufgräumt hab, find i überhaupt nix mehr. Am besten is, i orbeit immer an mehreren Projekten gleichzeitig. Do kummt ma daun immer des Passende unta." Bei seiner Arbeit zuschauen lässt er sich im Rahmen von diversen Festen in der Region, wo er immer ein besonderer Anziehungspunkt ist. Allein die Feuerkörbe, die Markus Ritter aus alten Windkesseln herstellt, verdienen in puncto Originalität und Funktionalität einen Platz im New Yorker Museum of Modern Art.

RECHTS: *Das Vulkanland-Dirndl scheint Flügel zu verleihen.*

Traditionelle Schmiedekunst – kraftvoll und mit Gefühl geformtes Eisen – findet man beim → **Kunstschmied Peter Hiebaum** in St. Stefan im Rosental.

Altes Handwerk wiederzubeleben, ist Teil der Wertschätzungsphilosophie. Der → **Verein der Korbflechter** hat es geschafft, dass dieses fast schon ausgestorbene Handwerk wieder aufblüht. Mit ihren gut besuchten Kursen haben sie dazu beigetragen, dass viele Menschen ihre Körbe selbst flechten können (siehe auch Kapitel „Der unterschätzte Westen").

Den Arbeitsplatz Bauernhof zu sichern und das Produkt Schafwolle aufzuwerten, haben sich fünf Schafbäuerinnen zum Ziel gesetzt. → **Wollgenuss** heißt ihre Gemeinschaft. Sie fertigen in Handarbeit edle Produkte aus steirischer Schafwolle in bunter Vielfalt. Hüte, Taschen, Matten, Sitzpolster, Pantoffeln, Schuheinlagen und einiges mehr bieten sie in ihrer Schafwolljurte in Edelsbach an. Ihr Wissen geben auch sie in Workshops und Kursen weiter.

Maßgefertigte Schuhe haben ihre eingefleischten Fans. Die hat auch, weit über die Steiermark hinaus, → **Friedrich Semlitsch.** Die meisten von ihnen waren ziemlich traurig, als Semlitsch vor ein paar Jahren in Pension ging und seine Werkstatt in Takern bei St. Margarethen schloss. Aber das war nicht das Ende der Geschichte. → **Mario Herzog,** einstiger Lehrling von

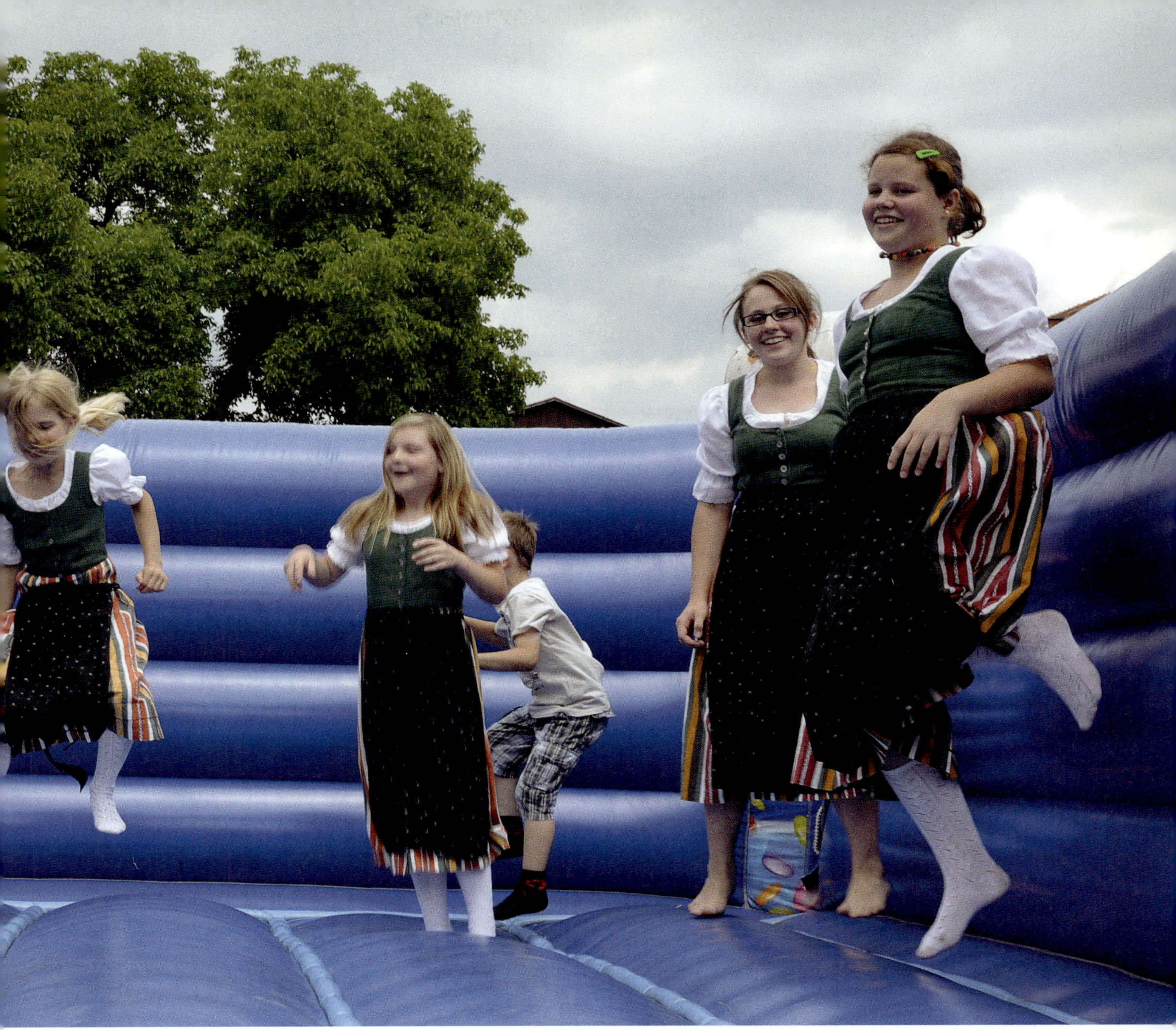

UNTEN: *Nach dem Maßnehmen zeichnet Schuhmachermeister Friedrich Semlitsch die Schablonen für seinen Partner in Slowenien.*

Semlitsch, hat sich mit seinem (inzwischen verstorbenen) Vater selbstständig gemacht. Die alten Semlitsch-Maschinen tun in Herzogs Werkstatt im slowenischen Pesnica nahe der Grenze bei Spielfeld weiter ihren Dienst. Und der Schuhmachermeister i. R. fährt in der halben Steiermark herum, um bei Kunden Maß für Schuhe zu nehmen, die dann von Mario angefertigt werden. Sonderwünsche sind keine Seltenheit. Friedrich Semlitsch erinnert sich an einen seiner aufwändigsten Fälle: Ein in Deutschland lebender Kunde wollte exakt die gleichen Stiefel, wie sie der Titelheld des Filmes „Matrix" trug, hatte aber nur ein kleines Foto als Vorlage. Semlitsch besorgte sich in einem Grazer Kino ein Plakat des Filmes, auf dem die Stiefel deutlich zu sehen waren. Ein paar Wochen später schlüpfte der strahlende Kunde in die perfekten Kopien.

In Tracht und Würden

Die Identität einer Region manifestiert sich seit alten Zeiten auch in der Tracht. „Das brauchen wir auch" haben sich die Vulkanländer gedacht. Seit mehr als 10 Jahren gibt es sie mittlerweile, die Vulkanlandtracht, im Original entwickelt und hergestellt bei Hiebaum in Studenzen. Die Farben und die Herzlichkeit sowie die ganze Vielfalt der Region spiegeln sich in der Kleidung wider. Rot steht für Eruption, Schwarz für erstarrte Lava, Grün und Maisgelb für Wiesen und Felder. Auf den Festen, aber auch im Alltag kann man sich davon überzeugen, wie selbstverständlich die Menschen „ihre" Tracht tragen – als wäre sie immer schon da gewesen.

Zu einem besonderen Erlebnis kann ein Besuch bei → **Trachten Trummer** in Dietersdorf am Gnasbach werden. Inmitten einer Vielzahl von traditionellen und modernen Dirndlgewändern und Lederhosen kredenzt der Chef an einer kleinen Bar den hauseigenen Wein. Dies soll schon das eine oder andere Mal dazu geführt haben, dass die Brieftasche etwas lockerer saß. ■

DAS HANDWERK

Adressen

▸ www.handwerk.vulkanland.at

▸ **Die Kornberg Design Tischler**
www.die-kornberg-designtischler.at

▸ **Auersbacher Tischlerdreieck**
S. Genser, E. Haidinger, W. Haidinger
Auersbach 23, 8330 Feldbach
www.vulkanland.at/tischlerdreieck

▸ **Knaus Wohfühltischlerei**
Schützing 4, 8330 Feldbach
Tel. 03152/2618
tischlerei@knaus.at, www.knaus.at

▸ **Franz Gross**
Weinberg 108, 8350 Fehring
Tel. +43 664 1618921
franz@tueri.at
www.tueri.at, www.woodi.at

▸ **Gölles-Valda Möbelrestauration**
Altenmarkt 9, 8333 Riegersburg
Tel. +43 664 2646495
antik@goelles-valda.com
www.goelles-valda.com

▸ **Scheicher Antiquitäten**
Dirnbach 50, 8345 Straden
Tel. 03473/8525
buero@luis-scheicher.at

▸ **Schlichtbarock**
Andreas Stern & Rainer Böhm
Torplatz 3, 8330 Feldbach
Tel. 03152/25999
office@schlichtbarock.at
www.schlichtbarock.at

▸ **Berthold Rauch**
8345 Straden 84
Tel. 03473/8423
office@rauch-steinmetz.at
www.rauch-steinmetz.at

▸ **Naturstein Trummer**
Burgfried 205, 8342 Gnas
Tel. 03151/51980
office@naturstein-trummer.at
www.naturstein-trummer.at

▸ **Metallkunst Markus Ritter**
Recycling-Kunst, 8322 Fladnitz
Tel. +43 664 4649613

▸ **Kunstschmiede Hiebaum**
Lichendorf 11
8083 St.Stefan/Rosental
Tel. +43 664 3919509
www.kunstschmiede-hiebaum.at

▸ **Korbflechter**
www.weidenkorb.at

▸ **Wollgenuss**
Monika Reindl
Kaag 28, 8332 Edelsbach/Feldbach
Tel. +43 664 4106514
reindl@wollgenuss.at
www.wollgenuss.at

▸ **Schuhmacher Friedrich Semlitsch**
Alois-Grogger-Gasse 3/2
8200 Gleisdorf
Tel. +43 664 2275320

▸ **Mario Herzog**
Handmade only. My shoes.
Pesnica pri Mariboru 44d
2211 Pesnica, Slowenien
Tel. +386 2 654 0213
Mobil: +386 41 441 442
www.marioherzog.com

▸ **Trachtenmode Hiebaum**
8322 Studenzen 118
Tel. 03115/2560
office@hiebaum.at
www.hiebaum.at

▸ **Trachten Trummer**
Dietersdorf 76, 8093 St. Peter a. O.
Tel. 03477/3150
trachten-trummer@aon.at
www.trachten-trummer.at

OBEN: *Stimmungsvoll: vorweihnachtliche Wanderung mit selbstgebastelten Laternen.*

DER ADVENT
Stille Zeit

Der Nebel verschluckt unser Scheinwerferlicht. Nach ein paar Metern verschwindet die enge Straße im Nirgendwo. Wir sind unterwegs in der Gemeinde Pertlstein, zwischen Feldbach und Fehring. Wir suchen ein Schloss – das Schloss. Im 12. Jahrhundert als Wehrburg gegründet, beherbergte Bertholdstein von 1919 bis 2008 die Benediktinerinnenabtei St. Gabriel. 2010 ging es in privaten Besitz über.

An diesem Adventsonntag veranstaltet der Vulkanlandchor ein besinnliches Konzert in der Schlosskapelle. Anschließend soll es im Hof mit dem mehr als hundert Meter langen Arkadengang, einem der längsten Mitteleuropas, Glühwein und Bäckereien von Frauen aus dem Dorf geben, haben wir von einer Bekannten gehört.

Ein bis zwei Mal im Jahr öffnet der Schlossherr der Allgemeinheit seine Tore. Hinfinden müssen die Besucher selber. In der Nebelsuppe dieses Abends ist das nicht leicht. Wir irren längere Zeit umher. Ein Auto kommt entgegen und hält auf unser Blinken an. „Wo geht's hier zum Schloss?" – „Das suchen wir auch." Die Insassen sind Blechbläser aus Radkersburg, die nach dem Konzert im Arkadenhof spielen sollen. Irgendwann erwischen wir die richtige Abzweigung und gehen zu Fuß weiter. Aus dem Nebel taucht schemenhaft das Schloss auf. Alles ist vollkommen still.

Franz Kafkas Roman „Das Schloss" wurde hier im Winter 1967/68 verfilmt, mit Maximilian Schell in der Rolle des Landvermessers K und Helmut Qualtinger als Bürgel. Unsere Annäherung an das Schloss hat auch etwas Kafkaeskes. Am Aufgang zur Schlosskapelle treffen wir die Musiker wieder. Für ihren Auftritt sind sie noch früh genug. Wir aber finden keinen Platz mehr in der überfüllten Kapelle. Gedämpft durch Tür und Nebel dringt die Musik zu uns. Und dann öffnet sich das große Schlosstor, und wir zählen zu den ersten, die den Arkadenhof betreten. Unzählige Kerzen schaffen eine zauberhafte Atmosphäre. Mit der Stille ist es rundherum bald vorbei. Aber in uns wirkt sie noch lange nach.

Schlafendes Land

Der Winter scheint aufs Erste keine attraktive Jahreszeit in einem Land, das mit einer Natur gesegnet ist, die im Überfluss produziert. Ein großer Irrtum, den man erkennt, sobald man sich bewusst auf die stille Zeit einlässt. Das Land begibt sich zur Ruhe, schläft ein, erholt sich von den Strapazen des Wachsens und Reifenlassens. Die Laubwälder werden durchsichtig. Ungeahnte Perspektiven öffnen sich – nach außen und nach innen. Wenn Schnee fällt, erhalten die Obstbäume ihre

RECHTS: *Ein südoststeirischer Winter hat seine besonderen Reize.*

verdiente Krönung. So deutlich tritt das Wunderwerk der Äste und Zweige nur jetzt hervor.

Als Verfechter des ganzheitlichen Denkens haben sich die Vulkanland-Philosophen auch für diese Zeit etwas einfallen lassen: den „Stillen Advent" als Alternative zu den vorweihnachtlichen Kommerzexzessen, wie sie sich etwa in der Flut von Adventmärkten manifestieren. Hier gibt es dafür Kulturveranstaltungen, Konzerte, kleine Märkte mit qualitätsvollem Kunsthandwerk. Gemeinden, die solcherart die stillste Zeit des Jahres ernst nehmen, sind an ihren grün beleuchteten Kirchen zu erkennen.

Ob im Advent oder in der nachweihnachtlichen Winterzeit: Wer bereit ist für das – scheinbar – Unspektakuläre, wer das Große im Kleinen finden kann und einmal die Stille dem Trubel vorzieht, der wird dieses Land auf eine neue, bereichernde Art erfahren. Zum physischen Abfedern einer solchen Erkundungstour stehen ohnedies die zahlreichen Thermen offen, deren Besuch im Winter zusätzlich den Reiz des Kontrastes bereithält.

Und was das Kulinarische betrifft, so haben zwar manche Betriebe Winterpause. Dass Besucher die Südoststeiermark zu dieser Jahreszeit hungrig oder durstig verlassen hätten, ist uns aber noch nie zu Ohren gekommen. ∎

STILLE ZEIT

Adressen

→ www.vulkanland.at/de/stiller_advent/

→ www.tourismusverein-pertlstein.at

FÜR LEIB & SEELE – TOUR 1

Der kreative Norden

Wer die Autobahnabfahrt Ilz als Einstieg in eine kulinarische Südoststeiermark-Tour wählt, hat zwar gut gewählt, steht aber trotzdem vor der Quahl der Wahl. Denn der Norden der Region ist eine besondere Kreativecke. Aber für welche Richtung auch immer man sich entscheidet, das erste Highlight ist nicht weit. Wir zweigen Richtung Fürstenfeld ab und kommen zunächst an der Zentrale der Thermenland Steiermark GmbH vorbei. Sie ist in einem architektonisch höchst interessanten Niedrigenergiehaus untergebracht. Und innovative Wege geht die Gesellschaft auch im Tourismus.

Das ist einen kurzen Zwischenstopp wert: Mit den „RezepTouren" werden kulinarische Reisen auf drei Routen angeboten. Die Gäste machen Station bei Produzenten und Gastronomiebetrieben und erfahren die Route als „lebendiges" Kochbuch in Form eines mehrgängigen Menüs. Wer will, kann das Menü zu Hause mit den Grundzutaten aus der Region nachkochen.

Wir haben die Idee der Routen dankbar aufgegriffen und geografisch über das Thermenland hinaus auf die gesamte Südoststeiermark ausgeweitet. Das ergibt nach unserer subjektiven Einteilung – manche

LINKS: *Verheißung für Kommendes: Blick vom Nordrand der Südoststeiermark gegen Süden.*

TOUR 1: DER KREATIVE NORDEN

werden es vielleicht etwas anders sehen – fünf Routen: Nord, West, Süd, Ost und Mitte.

Nicht nur weil Wein immer anregend wirkt, beginnen wir unsere Nord-Tour beim → **Schloss Thaller** in Maierhofbergen, fünf Minuten von der Autobahnabfahrt entfernt. Dieses Weingut in wunderschöner Lage auf einem Hügel vereinigt in sich vieles von dem, was den Reiz der Südoststeiermark als kulinarische Region ausmacht: ein bezauberndes Ambiente, guter Wein, regionale Köstlichkeiten, die in der Buschenschank zu genießen oder in der Greißlerei zu erwerben sind – und das alles in der Atmosphäre eines Familienbetriebes, den Maria und Koarl Thaller (auf das „o" legt er großen Wert) mit ihren sechs Kindern führen.

Beim Wein hat sich Koarl auf die Roten spezialisiert, die inzwischen 75 Prozent oder 20 Hektar der gesamten Rebfläche ausmachen. Hauptsorten sind Blauer Zweigelt und Cabernet Sauvignon, die auch in Barrique ausgebaut werden. Aus der Ernte 1999 kelterte Koarl Thaller den ersten Shiraz in der Steiermark. Bei den Weißen zählt die barriqueausgebaute Burgundercuvée „Rosina" zu den Spezialitäten des Hauses. Dort kann man übrigens auch heiraten. Und dass sich viele Paare dafür entscheiden, liegt sicher auch an der stimmungsvollen Schlosskapelle.

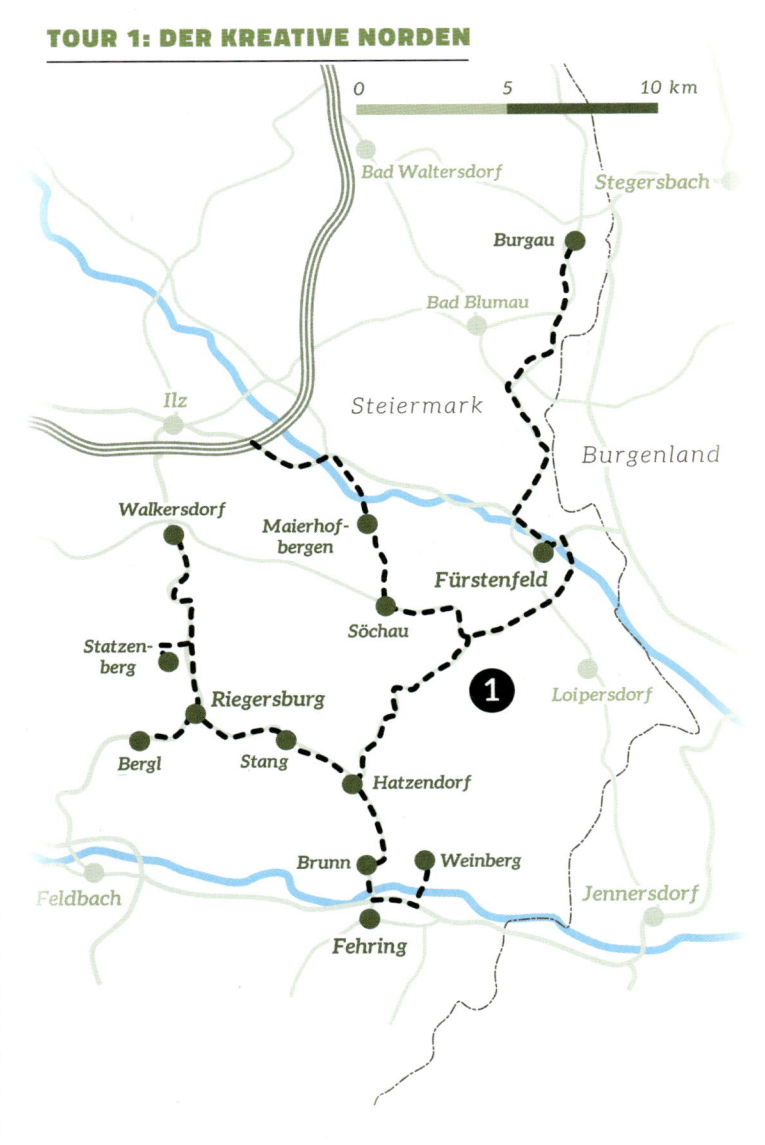

Unsere nächste Station ist → **Söchau**. Der sympathische Ort verschreibt sich seit Jahren ganz den Kräutern und ihrer Wirkung und hat sich damit als ziemlich einzigartige touristische Destination positioniert. Im frei zugänglichen Kräuter-, Rosen- und Bauerngarten finden sich über 120 verschiedene Heilkräuter. Wegen der unterschiedlichen Entwicklungs- und Blütezeit gibt es fast das ganze Sommerhalbjahr über einiges zu bestaunen und zu beschnuppern. In den Hexengarten kommt man allerdings nur mit einer Führung (auf Voranmeldung). Das hat seinen Grund: Die dort kultivierten Giftpflanzen wie Tollkirsche, Schierling, Alraune oder Eisenhut können durchaus nützlich sein, aber auch tödlich wirken. Es kommt eben auf die Dosis an. Die Dosis Gruseligkeit, die bei den abendlichen Hexengartenführungen mit Fackellicht verabreicht wird, passt jedenfalls genau.

Wir wollen weiter, wenn auch nicht „haam", nach Fürstenfeld. Die Stadt mit ihrem schönen alten Kern über der Feistritz, seit Langem für ihr lebendiges Kulturleben bekannt, hat eine bunte gastronomische Szene, aus der wir das → **„Fürstenbräu"** hervorheben wollen. Dort wird zum süffigen hauseigenen Bier eine solide, bodenständige Küche gepflegt, schön, dass es – natürlich saisonabhängig – zum Schweinsbraten Kürbisgemüse gibt. Und auch das gebackene Heidelbeernockerl verdient besondere Erwähnung.

Kruzitürken

Wie erwähnt, muss man sich gerade in Fürstenfeld nicht auf leiblichen Genuss beschränken. Sollte sich diesbezüglich schlechtes Gewissen breitmachen, gibt es zu jeder Jahreszeit Möglichkeiten, einem Aufenthalt in der Stadt sozusagen höhere Weihen zu verleihen. Zum Beispiel durch den Besuch des → **Museums Pfeilburg** in der Klostergasse. Hier gehen zwei Unterabteilungen auf die lokale und regionale Geschichte ein. Das Kruzitürkenmuseum, benannt nach dem noch immer beliebten Fluch, stellt die jahrhundertelange Bedrohung und Bedrängung des Landes durch Türken und Kuruzzen (antihabsburgische Bauernrebellen in Ungarn) dar. Das Tabakmuseum wiederum beleuchtet die 300-jährige Verbindung der Stadt mit dieser Kulturpflanze. 2005 brachten die Tabakbauern rund um Fürstenfeld ihre letzte Ernte ein, mit Ende jenes Jahres wurde die Fürstenfelder Tabakfabrik und damit ein Kapitel Wirtschafts- und Kulturgeschichte geschlossen.

Mehr dem Jetzt widmet sich die → **Galerie Gölles** in der Augasse. Allein das Haus lohnt einen Besuch. In dem äußerst gefühlvoll restaurierten und erweiterten alten Vierkanthof zeigen Petra und Anton Gölles seit 2003 auf rund 300 Quadratmetern meist

LINKS: *Ulrike und Norbert Hackl gehen mit ihrem Labonca Biohof neue Wege.*

österreichische, aber auch internationale Gegenwartskunst, vorwiegend Malerei und Skulptur. Der Fokus liegt dabei auf den Klassikern der Nachkriegsavantgarde wie auf der mittleren Generation und der jüngsten Entwicklung. Pro Jahr gibt es duchschnittlich sechs Ausstellungen. Wir haben bei Gölles den Feldbacher Maler Wolfgang Wiedner (er kommt auch im Kapitel „Die Sache mit dem Schwein" vor) kennen- und lieben gelernt. Seine Sujets – Landschaften, Tiere, „surreale" Stillleben – kamen in dem Ambiente besonders stark zur Geltung. Sie erinnern uns an das Wort von Albert Camus, „dass nämlich ein Menschenwerk nichts anderes ist als ein langes Unterwegssein, um auf dem Umweg über die Kunst die zwei oder drei einfachen, großen Bilder wiederzufinden, denen sich das Herz ein erstes Mal erschlossen hat".

Von Fürstenfeld sind es nur rund zehn Minuten Autofahrt ins nördlich gelegene Burgau. Dort züchtet die Familie Hackl auf ihrem → **Labonca Biohof** auf vorbildlich artgerechte Weise Schweine. Ich gehe darauf im Kapitel „Die Sache mit dem Schwein" ausführlich ein.

Ein Gesamtkunstwerk

Das Stichwort Kunst indes führt uns von Fürstenfeld nach Süden. Wir überqueren das Flüsschen mit dem hübschen Namen Rittschein und kommen nach kurvenreicher und hügeliger Fahrt mit immer wieder prächtigem Rundblick nach Hatzendorf. Gegenüber der Landwirtschaftsschule, die für ihren ganzheitlichen und nachhaltigen Ansatz bekannt ist, liegt der → **Malerwinkl.** Wirtshaus, Vinothek und Kunsthotel, wie die Familie Troißinger ihr buntes Domizil nennt, fügen sich zu einem Gesamtkunstwerk. Patron Peter senior teilt seine Kreativität auf Küche, Malerei und Skulptur auf. Auf den Tisch kommt verfeinert Steirisches aus Produkten der Region, aus dem eigenen Kräuter- und Gemüsegarten und mit exotischen Einsprengseln. Die liefert Peter junior, der unter anderem im Wiener Steirereck und in der chinesischen Metropole Shanghai Erfahrungen gesammelt hat. Aus dem Garten, der von Mutter Gabriele und Schwester Anna mitbetreut wird, kommen beispielsweise Rattenschwanzradieschen und Palmkohl.

Die zweite Leidenschaft von Peter senior ist, neben dem Kochen, die Malerei. Im Haus hängen riesige Porträts von österreichischen und internationalen Hauben- und Sterneköchen. Ob das seine Art ist, sich mit der „Konkurrenz" auseinanderzusetzen, hat er uns nicht verraten. Inspirierend muss es auf jeden Fall sein. Das kann man schließlich sehen und schmecken, wenn der Teller auf den Tisch kommt. Und manchmal kommt nicht nur der Teller aus dem Geschirrspüler, sondern auch das, was drauf ist. Der „Lachs im Geschirrspüler" wird im Vakuumbeutel eineinhalb Minuten bei exakt 89 Grad im Gläserspüler pochiert – Zusatz: ohne Spülmittel. Ja, Peter Troißinger senior ist ein humorvoller und gesellschaftlich engagierter Performancekünstler. Etwa, wenn er ein „Buffet auf Wäscheleine" installiert oder beim Abbruch eines alten Gebäudekomplexes öffentlich auskocht.

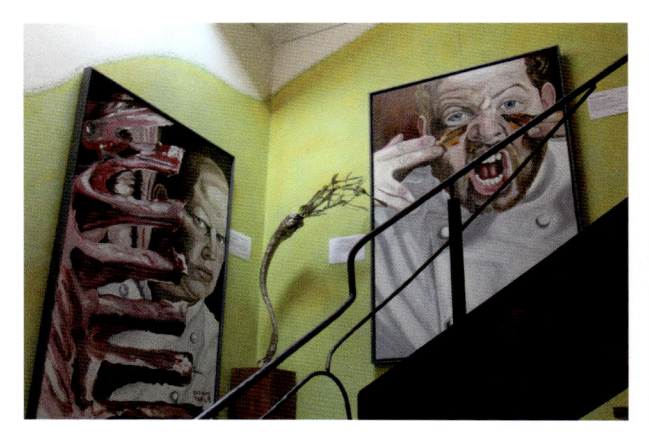

Eine Art Seelenverwandte der Troißingers finden wir wenige Kilometer südlich. In Brunn, Gemeinde Fehring, hat Sabine Putz im Mai 2014 ihre → **Greißlerei** eröffnet. Bekannt war sie schon Jahre davor, als eine der → **Lebensgärtnerinnen** des Vulkanlandes. In ihrem Rosengarten in den Hügeln über Fehring züchtet und pflegt sie Tausende alter Rosensorten sowie Tag- und Schwertlilien. Daneben baut sie eine beeindruckende Vielfalt von Kräutern an. Rosenblätter und Kräuter werden zu Gelees und Pestos unterschiedlichster Geschmacksrichtungen verarbeitet, die es in der Greißlerei zu verkosten und zu kaufen gibt – neben regionalen Produkten von rund siebzig Erzeugern. Sabine Putz bietet in der Schauküche der Greißlerei themenspezifische Kochkurse an und serviert auf Vorbestellung ihre kreativen Menüs. Ihre Philosophie ist ganz einfach: „Ich liebe es zu essen. Und deshalb will ich gut essen."

Kleinode

Einen Katzensprung weiter klappert die Mühle am nur selten rauschenden Bach. Das Klappern ist eigentlich ein ziemlich lautes Rattern, wenn Getreide gemahlen wird, und der Bach ist die meist gemächlich dahinfließende Raab, deren Wasser einst die → **Berghofer-Mühle** angetrieben hat. Heute erzeugt der Fluss hauseigenen Strom, mit dem auch die alten Mahlwerke

LINKS: *Peter Troißinger senior (Malerwinkl) kocht nicht nur, er malt auch – renommierte Kollegen aus der Branche.*

MITTE: *Für die Verkostung der Pestos und Gelees in der Greißlerei von Sabine Putz sollte man sich Zeit nehmen.*

RECHTS: *Der gut sortierte Laden ist nur eine der Attraktionen der Berghofer-Mühle.*

im Schauraum laufen. Seit dem 12. Jahrhundert ist die Mühle urkundlich erwähnt, seit 1845 ist sie im Besitz der Familie Berghofer. Drei Schwestern – Diana, Liane und Isabella – führen den Betrieb, und ihre liebevolle Zuwendung hat ein besonderes Flair geschaffen. Der Mühlenhofgarten rund um eine uralte Platane bildet den stillen Kontrapunkt zum „Klappern". Im urigen Mühlenladen findet man einen schönen Querschnitt regionaler Produkte, viele davon auf Kürbiskern-Basis. Eine besonders nette Mitbringsel-Idee ist das „Müller-Binkerl", dessen Inhalt individuell zusammengestellt werden kann. Mühlenführungen mit Einblick in Kernölherstellung, Mehlgewinnung und Stromerzeugung können online gebucht oder telefonisch vereinbart werden. Die Berghofer-Mühle ist wahrlich ein Kleinod, allerdings von stattlichen Dimensionen.

Kleinod – das fällt uns auch zum → **Kürbishof Koller** in Weinberg ein, wiederum nur wenige Autominuten weiter. Mit seiner Kombination von Alt und Neu auch architektonisch attraktiv, liegt der Hof auf einem Hügel über dem Raabtal mit wunderschönem Rundblick. Der landwirtschaftliche Familienbetrieb mit langer Tradition im Kürbisanbau hat sich auf die Weiterverarbeitung des „Plutzers" spezialisiert. Dabei kennt die Kreativität offenbar keine Grenzen. Jüngstes Produkt ist der Kürbiskern-Brand. Längst zu den Klassikern zählt das Koller'sche Kürbiskern-Pesto. Die weitere Produktpalette: Kürbis-Chutney, Kürbis-Konfitüre, Kürbis süß-sauer, Kürbis-Nudeln, getrüffeltes Kürbis-Schmalz, süßes Kürbis-Schmalz. Und so weiter. Man kommt aus dem Staunen über das Potenzial dieser Frucht kaum heraus.

Ebenfalls in Weinberg, allerdings im Tal, liegt die → **Genießerei** der Familie Gartner. Auch hier wurde ein schöner alter Hof mit neuer Architektur angereichert, der neue Teil beherbergt ein Café und einen Hofladen. Wer einen stimmigen Stützpunkt für seine kulinarischen und sonstigen Erkundungen in der Region sucht, ist hier richtig: Er hat die Wahl zwischen gediegenen Gästezimmern und Ferienwohnungen am Hof oder Ferienhäusern mitten im Weingarten.

UNTEN: *Käse-Künstler Bernhard Gruber bei der Arbeit in seiner Fromagerie zu Riegersburg.*

Nach einem kurzen Stopp beim → **Milchhof Wurzinger** in Fehring (Spezialität: Schnittkäse aus Rohmilch) wenden wir uns wieder nach Nordwesten in Richtung Riegersburg. An → **Alois Gölles** führt kein Weg vorbei. Ich habe den kulinarischen Pionier im Kapitel „Weil ihnen nichts zu blöd war" schon ausführlich gewürdigt und beschränke mich hier auf die wärmste Empfehlung, sich bei einer Führung und Verkostung in der Schapsbrennerei und Essigmanufaktur in Stang bei Riegersburg in die unglaublich spannende, vielschichtige und bereichernde Welt der Obstveredelung einzulassen. Da kann man so manches lernen, das weit über das rein Fachliche hinausgeht.

Ähnliches gilt für die ebenfalls schon erwähnte → **Fromagerie zu Riegersburg** (Kapitel „Wo der Seppi den Most holte"). „Österreichs 1. Käsereifungs- und Käsekunstwerkstatt" nennt der gebürtige Salzburger Bernhard Gruber sein Haus. Die Liebe zum Käse hat er als Bub mit der Almmilch sozusagen eingesogen. Wenn er Gäste durch die Fromagerie führt, ihnen die Reifungs- und Veredelungsprozesse erläutert und dann bei der Verkostung seine fertigen Kreationen kommentiert, schwingt immer die Begeisterung für seine Sache mit. Und die kann man auch schmecken. Käse braucht Zeit – das gilt genauso für eine Einkehr bei Bernhard Gruber und besonders für die „Käse-Wein-Harmonie", eine Degustation in Begleitung sechs verschiedener Weine.

Käse trifft Schokolade

Nachbarschaft regt an: Aus Josef Zotters mittlerweile weltbekannter → **Schokoladenmanufaktur,** die nur eineinhalb Kilometer weiter ebenfalls an der Bundesstraße liegt, holt sich Gruber das Produkt, mit dem er Blauschimmelkäse anreichert. Oder, wie er sagt: Er nimmt den Käse auseinander, gibt Schokolade dazu und „baut" ihn dann wieder zusammen. Das Ergebnis

DIESE SEITE: *Zwei Mal Rahmen: Künstlerische Interpretation des Eingelegten und Eingekochten bei Haberl & Fink's, augenzwinkernde Motiv-Vorgabe für die Besucher von Zotters „essbarem Tiergarten".*

mag manche überraschen, einen sicher nicht: Josef Zotter. Er hat schon vor einiger Zeit Käse in seine Schokolade „eingebaut" und experimentiert ununterbrochen mit neuen Produkten und Geschmackskombinationen. Besucher seines Schokoladentheaters in Bergl dürfen in die Rolle von Versuchskaninchen schlüpfen, wenn sie wollen. Sie verkosten blind neue Kreationen – und sind, gelinde gesagt, bass erstaunt, wenn die Zutaten enthüllt werden. Mehr soll hier nicht verraten werden.

Dass der Name Zotter für Überraschungen und Unkonventionelles steht, muss ohnedies nicht betont werden. Nicht nur im Schokoladentheater, auch in dem ebenfalls schon erwähnten „essbaren Tiergarten" sucht der Chef immer wieder das persönliche Gespräch mit den Gästen. Wenn man das Leuchten in seinen Augen sieht, wird man das Gefühl nicht los, dass er selber nicht ganz glauben kann, was da alles „passiert" ist.

Im Gegensatz zur geballten Kreativität rundherum erlebte der Ort Riegersburg selbst in den vergangenen Jahren ein gastronomisches Auf und Ab. Inzwischen hat sich der Hofberg am Ostrand als kulinarische Adresse etabliert – mit dem zusätzlichen Plus des schönen Blicks auf die Burg. Die großzügig dimensionierte → **Buschenschank Bernhart** war schon immer ein solider Tipp für gute Jause und guten Wein. Unten, am Badeteich, hat sich das → **Seehaus Riegersburg** von einer zweckorientieren Bedarfsgastronomie zum durchaus empfehlenswerten Restaurant gemausert. Ganz oben auf dem Hofberg wartet der → **Familienbetrieb Wippel** mit einer bestechenden Dreierkombination auf: wunderschöne Lage mit Sitzgarten unter der Weinlaube; breite Speisenpalette mit Buschenschankjause, Bodenständigem (Beispiele: Saure Suppe mit Frühstückstommerl, Erdäpfelwurst) und saisonal geprägten kreativen Gerichten; und ein gediegenes Weinangebot aus dem hauseigenen Keller.

LINKS: *Bernhard Gruber beweist – unter anderem –, dass Käse und Schokolade zusammenpassen.*

MITTE: *Gut essen, gut trinken – und Riegersburgschauen: Wipp'l Hofbergstubn.*

Damit ist Riegersburg allerdings keineswegs abgehakt. Auf der Weiterfahrt nach Norden den Starzenberg links liegen zu lassen, wäre ein unverzeihliches Versäumnis. Denn der Blick von dort auf die Festung ist wohl der beeindruckendste. Wie im Märchen ragt der Felsen mit der Burg aus den sanften bewaldeten Hügeln heraus. Kein Wunder, dass Anton Gölles diesen Platz für sein → **Genusshotel** gewählt hat. Aus jedem der Zimmer kann man diesen Blick genießen. Und die Gastronomie des Hauses spielt sich auf gleichem Niveau ab, etwa mit dem Starzenberger Dry Aged Beef und dem Starzenberger Käse aus steirischer Rohmilch. Gleich neben dem Hotel hat Alois Eibel mit der → **Winzerei** auf seine Art den Genius Loci eingefangen: Buschenschank und Weinkost in modernem architektonischen Ambiente, eingebettet in die Umgebung. Der Weinpavillon ganz oben steht auch für Hochzeitsfeiern offen.

Schlussakkord

Der Kreis unserer Nord-Tour schließt sich langsam. Über die von Obstplantagen durchzogenen Hügel kehren wir zurück ins Rittscheintal, zu → **Haberl & Fink's** in Walkersdorf. Und wiederum handelt es sich um einen Familienbetrieb. Haubenkoch Hans Peter Fink, Gattin Bettina Fink-Haberl und Sommelier Mario Haberl haben hier etwas zustande gebracht, das man schon als regionale Institution bezeichnen kann. Es handelt sich um eine selten gelungene Symbiose von Gasthaus und Delikatessenladen. Ob im Restaurant oder in der pfiffig gestalteten Manufaktur: hier ist die geschmackliche Vielfalt einer Region in ihrer ganzen Breite und Dichte präsent. Die Gerichte, die Hans Peter Fink kreiert, inspirieren die Produktion des „Eingelegten und Eingekochten" – und umgekehrt. Essigfrüchte, Chutneys, Pestos, Sugos, Pasten, Fruchtaufstriche

REZEPT *Haberl & Fink's*

Blumauer Spargelsalat mit Wiesenkräutern und Kürbispesto-Topfenröllchen

Für 4 Personen

- 400 g knackig gekochter Spargel grün und weiß
1 kleine Packung Frühlingsrollenteig (21 x 21 cm)
Butter zum Bestreichen

- **Fülle:**
200 g Topfen (20 %), fein passiert
2 EL Fink's Kürbis Pesto
50 g Qimiq Whip
2 EL gehackter Kren
Salz
1 Handvoll Wiesenkräuter oder Blattsalate
2 reife Paradeiser

- **Marinade:**
6 EL Olivenöl
Salz, Pfeffer aus der Mühle
Saft von 1/2 Zitrone und etwas Zucker
Spritzer Tabasco

1 Den Frühlingsrollenteig der Länge nach halbieren, einzelnes Blatt mit Butter bestreichen und auf eine Röllchenform mit ca. 2–3 cm Durchmesser wickeln. Auf diese Weise 12–16 Röllchen herstellen und diese bei 170–180 °C Umluft knusprig backen. Die Röllchen leicht abkühlen lassen, von der Form nehmen und ganz auskühlen lassen.

2 Für die Fülle alle Zutaten miteinander gut schaumig schlagen, würzig abschmecken und in einen Spritzsack mit Lochtülle geben. Mit dieser Fülle die Röllchen satt füllen.

3 Die Paradeiser 3–4 mm dünn in Scheiben schneiden, auf Teller flach auflegen mit etwas Marinade übergießen. Den Spargel in gefällige Stücke schneiden, ebenso mit Marinade gut vermischen. Die Kräuter oder Blattsalate marinieren und auflegen, die Röllchen aufsetzen.

TIPP: *Die Röllchen mache ich oft kürzer und somit kleiner und serviere sie gerne als kleinen Happen oder Fingerfood. Sollte die Fülle zu weich sein, einfach nochmals für 30 Minuten in den Kühlschrank geben und dann erst die Röllchen damit füllen.*

finden sich in variierender Form und Kombination auf der Restaurantkarte.

Hoch anzurechnen ist Hans Peter Fink, dass er bewusst auch bodenständige Gerichte, man könnte fast sagen, zelebriert. Etwa seine schon legendäre ausgelöste Klachlsuppe oder das Rindswadl-Gulasch mit Handsemmel. Aus der Linie, die wir ohne Wertung einfach anders, aber trotzdem regional geprägt nennen, hier zwei Beispiele: Maroni-Gnocchi mit Pilzen, Sellerie, Apfel und Schafkäse, oder in Knuspermais gebratene Bachforellenfilets mit Petersilwurzeln, Urkarotten und Kren oder Spargel (siehe Rezept).

Was auch immer man bevorzugt: Ein stimmigerer Schlussakkord dieser Rundreise durch die nördliche Südoststeiermark lässt sich schwerlich komponieren. ■

OBEN: *Die letzten Sonnenstrahlen verpassen der Festung eine Extraportion Mystik.*

LINKS: *Die Winzerei am Starzenberg kann mit einem extravaganten Burgblick aufwarten.*

NÄCHSTE DOPPELSEITE: *Zwei lohnende Ausflugsziele auf einen Blick: Jagerberg, dahinter Glojach.*

→ **Weingut Schloss Thaller**
Maierhofbergen 24
8263 Großwilfersdorf
Tel. 03387/2924
koarl@weingut-thaller.at
www.weingut-thaller.at

→ **Kräuterdorf Söchau**
Tourismusverband Söchau
8362 Söchau
Tel. +43 676 6295344
tourismus@kraeuterdorf.cc
www.kraeuterdorf.cc

→ **Fürstenbräu**
Fasching & Oosterveld OG
Hauptstraße 31, 8280 Fürstenfeld
Tel. 03382/55255
gasthaus@fuerstenbraeu.at
www.fuerstenbraeu.at

→ **Museum Pfeilburg**
Klostergasse 18, 8280 Fürstenfeld
Tel. 03382/55470
pfeilburg@stwff.at
www.museum-pfeilburg.at

→ **Galerie Gölles**
Augasse 4, 8280 Fürstenfeld
Tel. 03382/54509
Mobil: +43 664 2645975
kunst@golles.at
www.golles.at

→ **Labonca Biohof**
8291 Burgau 54
Tel. +43 699 81210911
norbert.hackl@labonca-biohof.at
www.labonca.at

→ **Malerwinkl Wirtshaus und Kunsthotel**
Hatzendorf 152, 8361 Hatzendorf
Tel. 03155/2253
gasthof@malerwinkl.com
www.malerwinkl.com

→ **Die Greißlerei, Rosengarten**
Sabine Putz
Brunn 62, 8350 Fehring
Tel. +43 699 81315522
sabine.putz@rosengarten.at
www.rosengarten.at

→ **Lebensgärten**
www.lebensgaerten.at

→ **Berghofer Mühle**
Bahnhofstraße 25, 8350 Fehring
Tel. 03155/2222
office@berghofer-muehle.at
www.berghofer-muehle.at

→ **Milchhof Wurzinger**
Petzelsdorf 51a
8350 Fehring
Tel. 03155/3822
office@milchhof-wurzinger.at
www.milchhof-wurzinger.at

→ **Kürbishof Koller**
Weinberg 78, 8350 Fehring
Tel. 03155/3414
info@kuerbishof-koller.at
www.kuerbishof-koller.at

→ **Genießerei, Kürbishof Gartner**
Weinberg/Raab 60, 8350 Fehring
Tel. +43 664 73505558
info@kuerbishof.at
www.kuerbishof.at

TOUR 1: DER KREATIVE NORDEN

Adressen

- **GÖLLES Manufaktur für edlen Brand & feinen Essig**
  Stang 52, 8333 Riegersburg
  Tel. 03153/7555
  obst@goelles.at
  www.goelles.at

- **Fromagerie zu Riegersburg**
  Bernhard Gruber
  Bergl 2, 8330 Riegersburg
  Tel. +43 660 2521811
  fromagerie.zu.riegersburg@gmail.com
  www.thecheeseartist.at

- **Zotter Schokoladen**
  Bergl 56, 8333 Riegersburg
  Tel. 03152/5554
  schokolade@zotter.at
  www.zotter.at

- **Buschenschank Bernhart**
  Ferdinand und Christine Bernhart
  Hofberg 61, 8333 Riegersburg
  Tel. 03153/8379
  bernhart@buschenschank.at
  www.buschenschank-bernhart.at

- **Wipp'l Hofbergstubn**
  Stefan Wippel
  Hofberg 67, 8333 Riegersburg
  Tel. 03153/20060
  office@hofbergstubn.at
  www.hofbergstubn.at

- **Seehaus Riegersburg**
  Riegersburg 205, 8333 Riegersburg
  Tel. 03153/72106
  seehaus-riegersburg@aon.at
  www.genuss-riegersburg.at

- **Genusshotel Riegersburg**
  Starzenberg 144, 8333 Riegersburg
  Tel. 03153/200200
  genuss@hotel-riegersburg.at
  www.hotel-riegersburg.at

- **Winzerei Eibel am Starzenberg**
  Altenmarkt 136, 8333 Riegersburg
  Tel. +43 664 1763844
  weingut@eibel.at
  www.eibl.at

- **Gasthaus Haberl & Fink's Echte Delikatessen**
  Walkersdorf 23, 8262 Ilz
  Tel. 03385/260
  office@finks-haberl.at
  www.finks-haberl.at

Weiters kann ich empfehlen:

- **Buschenschank Weinhof Brunner**
  Kleegraben 15, 8262 Ilz
  Tel. 03385/7715
  Mobil: +43 664 4972323
  brunner@weinhof.cc
  www.weinhof.cc

- **Mostschenke Brunner**
  Dambach 13, 8262 Ilz
  Tel. 03385/586
  Mobil: +43 664 4434401
  info@mostschenke.com
  www.mostschenke.com

- **Gasthof Kraxner**
  Hatzendorf 23, 8361 Hatzendorf
  Tel. 03155/2471
  info@gasthof-kraxner.at
  www.gasthof-kraxner.at
  Gute bodenständige Wirtshausküche

- **Lindenhof am Steinberg**
  Familie Sitzwohl
  Steinberg 70, 8333 Riegersburg
  Mobil: +43 699/ 10030602
  familie@sitzwohl.at
  www.sitzwohl.at
  Schlafen im Landhaus

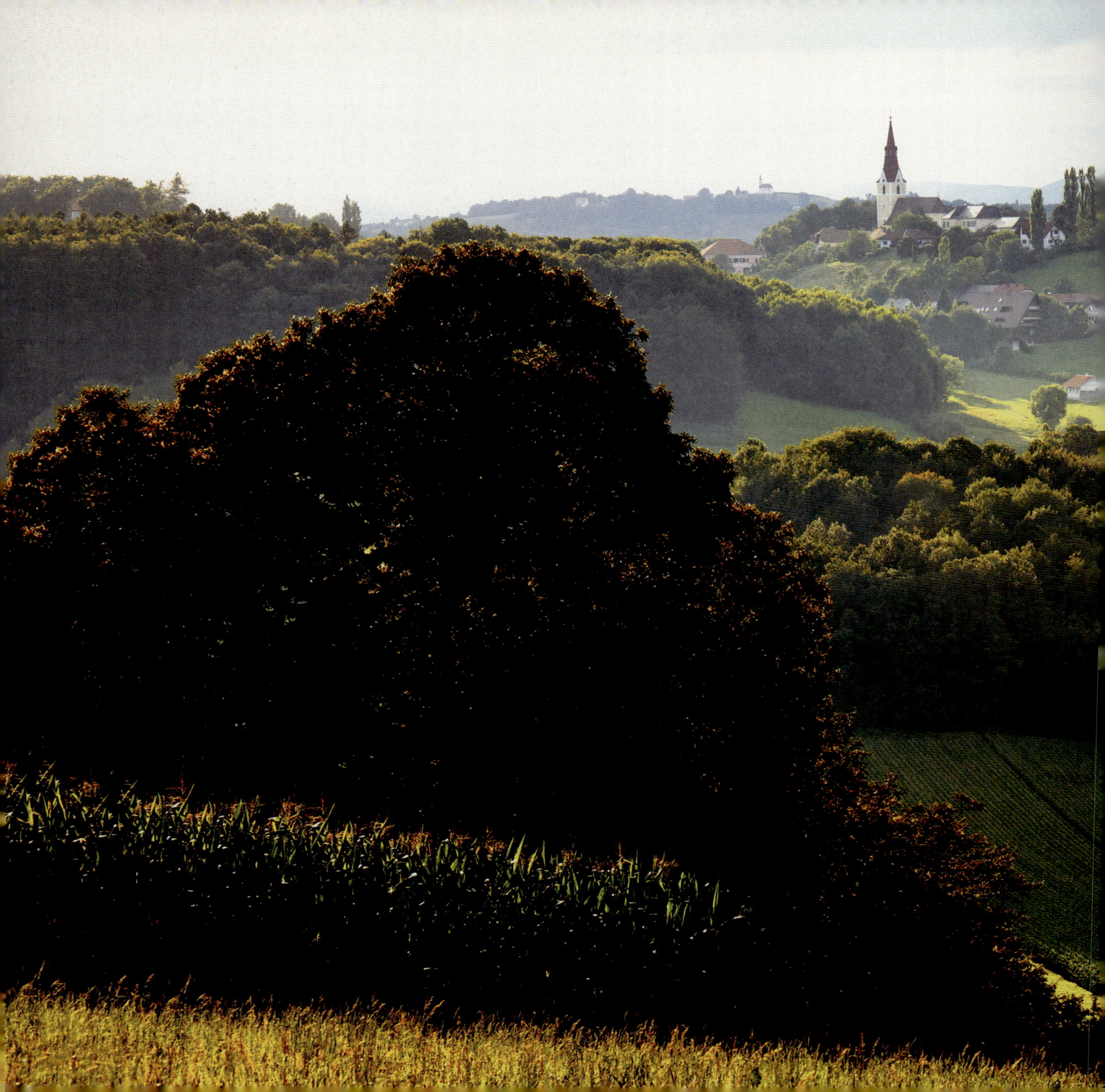

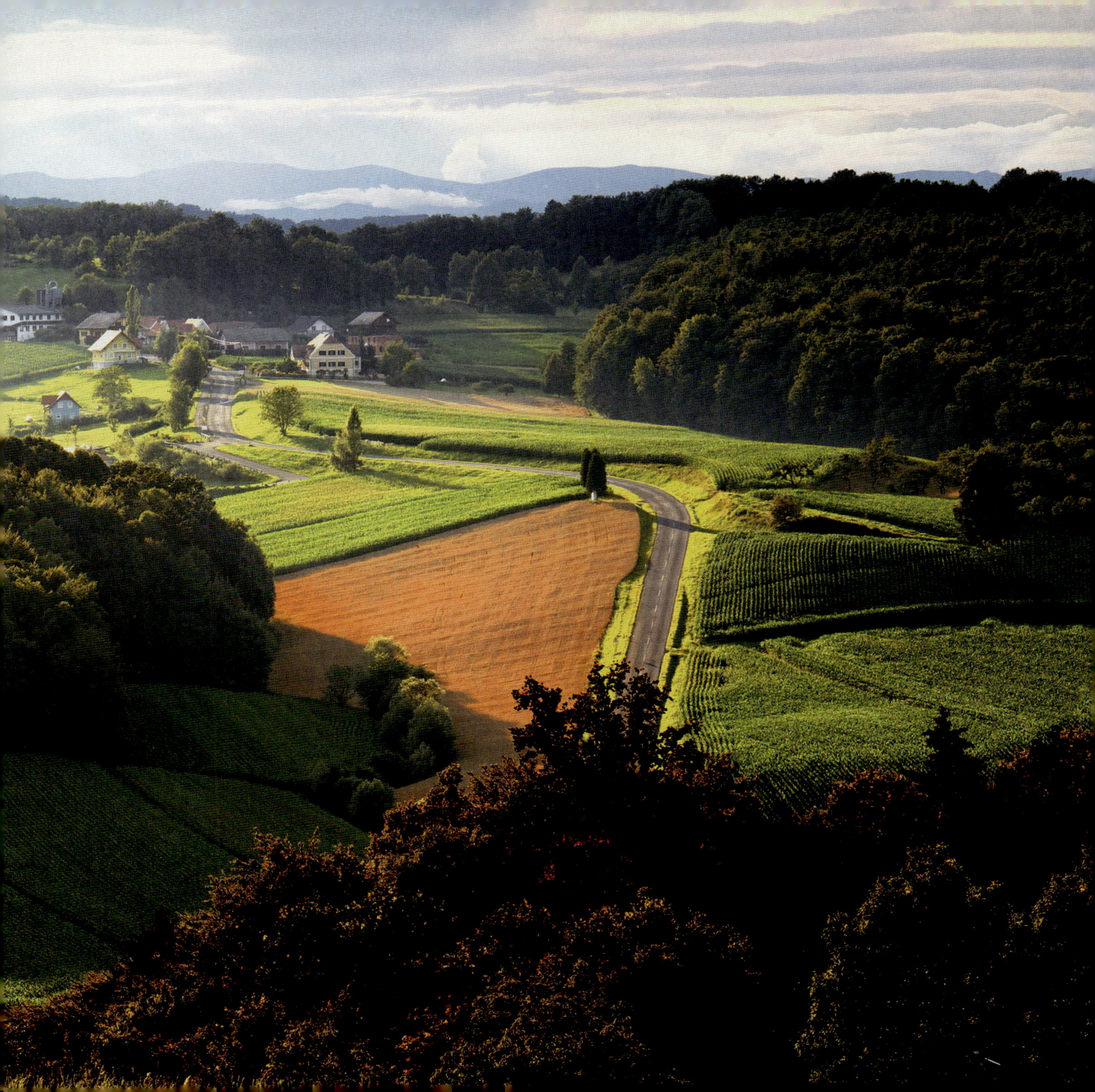

FÜR LEIB & SEELE – TOUR 2

Der unterschätzte Westen

Selbst eingefleischten Südoststeirern ist nicht immer bewusst, dass ihr Land einen Westen hat. Der aber bietet auch in kulinarischer Hinsicht einiges. Aus Feldbach kommend zweigen wir in Gniebing von der Bundesstraße ab und beginnen zur Einstimmung mit dem schönen Aussichtspunkt bei der Kapelle in Gniebingberg. In alle Himmelsrichtungen weisende Orientierungsschilder helfen bei der Identifizierung der näheren und weiteren Umgebung. Auf einer großen Tafel sind 37 Museen und Sammlungen des Vulkanlandes mit Thema und Lage vermerkt. Natürlich ist auch die berühmte → Weltmaschine von Franz Gsellmann darunter, die ganz in der Nähe, in Kaag bei Edelsbach, liegt und immer wieder einen Besuch lohnt.

Neben der Kapelle haben kundige Hände der Natur dabei geholfen, einen kleinen, runden „Weidendom" zu flechten, in dem Tisch und Bänke zum Verweilen einladen. Da waren wohl die Vulkanland-Korbflechter am Werk. Ihre Kunstfertigkeit, für die sich inzwischen wieder mehr junge Leute interessieren, wurde 2013 von der UNESCO in die weltweite Liste des immateriellen Kulturerbes aufgenommen. Mit einem riesigen Weidenkorb an der Straßenkreuzung beim östlichen Ortsrand von Gniebing haben sich die Flechter selbst ein Denkmal gesetzt. Der Korb hat Wurzeln geschlagen, und lange Zweige treiben aus dem Geflecht. Ein schönes Sinnbild für die Wechselwirkung von Mensch und Natur.

Daran erinnert auch der Weidendom auf dem Gniebingberg, ein einladender Platz für ein schattiges Picknick, nebenbei. Ein andermal. Denn wir visieren Markt Hartmannsdorf am nördlichen Fuß der Hügel als erste Labungsstelle an. Der Ort ist sowohl für seine Gastronomie als auch für sein reges Kulturleben bekannt. Beispiel für Letzteres ist der Literaturbrunnen im Zentrum: ein virtueller Peter Simonischek liest auf Knopfdruck Gedichte des steirischen Schriftstellers Alois Hergouth.

Gegenüber, im → Wirtshaus Huber, praktiziert der Juniorchef eine verfeinerte bodenständige Küche. Besonders empfehlenswert sind, unter anderem, der Erdäpfelstrudel auf gebratenem gartenfrischen Gemüse und die hausgemachte Breinwurst. Im Sommer

LINKS: *Beim Huber (Foto) und beim Gruber in Markt Hartmannsdorf gibt's immer was Gutes.*

TOUR 2: DER UNTERSCHÄTZTE WESTEN

wird mittwochs und donnerstags im Arkadenhof des alten, stattlichen Anwesens gegrillt. Im September und Oktober gibt es steirisches Bauernbufffet. Frische und Regionalität der Produkte sind das Credo Florian Hubers. Das zweite weit über den Ort hinaus bekannte Lokal, der → **Gruber,** wird vor allem wegen seiner Wildgerichte geschätzt. Auch hier wird im Sommer gegrillt, jeweils am Freitag. Das Haus verfügt über sehr gemütliche Gästezimmer.

Eine besondere Einsiedelei

Vielleicht war es die gastfreundliche Atmosphäre dieses Ortes, die ein Tiroler Original hierher verschlagen hat. Ein paar Kilometer vom Zentrum entfernt, am Ende eines Seitentales, liegt eine Einsiedelei der besonderen Art. Hier bekommt das Wort eine zweite Bedeutung: Hermann Nothdurfter siedet, also braut seit mehr als 15 Jahren Bier, das unter der Marke → **„Hermax"** eine wachsende Zahl von Liebhabern und Abnehmern findet, seien es Privatleute, Vereine oder Gastronomiebetriebe.

Er wollte südlich der Alpen leben, „aber Südtirol war schon von den Italienern besetzt", erzählt Hermann, dessen Familie nach dem Hitler-Mussolini-Abkommen von Südtirol nach Bayern ausgewandert war. Vor 30 Jahren kam er in die Südoststeiermark – und blieb. Des angenehmen Klimas, aber auch der Menschen wegen: „In Tirol is gar nix mehr authentisch, alles is ogschleckt. Hier sind die Leut anders drauf, obwohl's a scho solche Tendenzen gibt."

Nothdurfter kaufte einen Flecken Land in Reith und pachtete noch etwas dazu. Zuerst machte er Käse aus der Milch seiner Kühe und Ziegen. Dann lernte er jemanden kennen, der sich beim Bierbrauen auskannte. „Es ist ja was Ähnliches, beides hat mit Gärungsprozessen zu tun." Hermann stieg um, 1999 erhielt er die amtliche Lizenz zum Brauen. Neben dem „normalen" Bier, einem Pils, macht er Kräuterbiere, etwa mit Schafgarbe, und ein Hanfbier, das „Bierpapst" Conrad Seidl 2013 zum besten seiner Art in Österreich kürte. Im Herbst gibt's Holler- und Rote-Rüben-Bier. Und für Josef Zotters „essbaren Tiergarten" braut Hermax das Hausbier – mit Kakao, versteht sich.

Die Hermax-Biere sind ungefiltert und enthalten weder Schönungsmittel noch Stabilisatoren. Und diese Naturbelassenheit schmeckt man. „Du kriegst zwar an Rausch, aber dann kummst wieda owa. Und am nächsten Tag spürst überhaupt nix", meint ein Freund und Stammkunde. Spricht's und enteilt mit einem Fass.

Auch wir verabschieden uns, nach allerdings kleinen Kostproben, denn die Tour wird uns noch fordern. Auf dem Weg nach Gleisdorf, dem sozusagen westlichsten Punkt der Südoststeiermark, schauen wir noch bei Margrit Schweighofers Blumenfarm in Erbersdorf bei Studenzen vorbei. → **Vom Hügel** nennt sich das malerische Anwesen, wo die studierte Soziologin wundervolle Blumengestecke und Kränze kreiert und ihre Kunstfertigkeit auch in Kursen weitergibt. Alle Schnittblumen und andere Ingredienzien kommen aus biologischem Anbau oder direkt aus der Natur. In regelmäßigen Streifzügen durch Wald und Flur sammelt die floristische Autodidaktin das Material für ihre Kompositionen.

Sprossenleiter zur Gesundheit

Der sprießenden Natur hat sich auch der Gastronom Gottfried Lagler verschrieben, und zwar im Wortsinn: Sprossen verschiedenster Nutzpflanzen sind nicht nur

LINKS: *Bierbrauer Hermann Nothdurfter weiß, was er trinkt.*

MITTE: *Der Bio-Garten der Blumenkünstlerin Margrit Schweighofer.*

RECHTS: *Respekt vor dem, was sie bäckt: „Brotkaiserin" Josefa Glieder.*

UNTEN: *Schön, gut, gesund: Gottfried Laglers Alfalfa-Sprossen (Luzerne).*

die Spezialität seiner → **Pizzeria Figaro** in Wünschendorf bei Gleisdorf. Die Samen können, samt Kultivator, auch online bestellt werden. Die Liste reicht von Alfalfa (besser bekannt als Luzerne) über Rettich rot bis Mungo schwarz. „Hundert Gramm frische Alfalfa-Sprossen am Tag geben Körper und Geist alles, was sie brauchen", schwört Lagler.

Ohne den wissenschatlichen Beweis dafür antreten zu wollen, können wir jedenfalls bestätigen, dass die Keimlinge köstlich munden, ob als Pizzauflage, Beilage zu Fleisch- oder Fischgerichten oder etwa, um nur ein Beispiel aus der Karte zu nennen, in den gebratenen Sterz-Sprossenlaibchen. Oder zu Hause, ganz einfach auf einem Butterbrot.

Vegetarier kommen in Laglers Lokal voll auf ihre Kosten. Die meisten Gerichte können auch vegan und glutenfrei zubereitet werden. Das Mehl des „normalen" Pizzateigs kommt aus biologischer Landwirtschaft, daneben sind alle Pizzen auch mit Bio-Dinkel-Vollkornteig erhältlich. Zu all dem kommen noch die freundliche Bedienung und die urige Atmosphäre des Lokals, in dem der Chef seine zweite Leidenschaft – das Sammeln diverser Kuriositäten – nicht verheimlicht.

Dass das Land um → **Gleisdorf** eine Hochburg von Bio-Produzenten ist, wird beim → **Bauernmarkt** auf dem Hauptplatz vor der Kirche deutlich (mittwochs 13–17:30, samstags 7–12 Uhr). Das meiste an Obst und Gemüse, das rund um die sprudelnden kleinen Wassersäulen des Brunnens angeboten wird, stammt aus organisch-biologischer Erzeugung. Die längsten Schlangen bilden sich aber regelmäßig vor dem Stand von → **Josefa Glieder:** ihr Brot ist der Star nicht nur dieses Marktes. Regelmäßig heimst die Bäuerin aus Labuch bei Gleisdorf Auszeichnungen ein. Mit ihrem Bauernbrot und dem „Hügellandbrot" (mit Kürbiskernen und Leinsamen) ist sie beim österreichweiten Wettbewerb 2014 in Wieselburg unter allen

Goldmedaillisten „Brotkaiserin" geworden. Die steirische Prämiierung ein paar Monate später gewann sie gleich mit allen sechs Sorten (neben Bauern- und Hügellandbrot noch Nuss-, Dinkel-, Vollkorn- und Kletzenbrot).

Seit 42 Jahren, seit sie die Landwirtschaftsschule absolviert hat, bäckt Josefa Glieder Brot. Zwei Mal wöchentlich steht sie um zwei, halb drei in der Früh auf. „Es ist meine Lebensaufgabe", sagt sie. „Jeder Brotlaib ist etwas Besonderes, vor jedem Laib hab ich Respekt. Und wenn dann Kunden sagen: Danke, dass Sie dieses Brot gebacken haben, dann ist das die schönste Anerkennung." Eine Scheibe Nussbrot mit Butter drauf, zum Beispiel – das fällt in die Kategorie wahrer Luxus.

Auf der Weiterfahrt Richtung Süden passieren wir → **St. Margarethen an der Raab.** Das ist die größte steirische Agrargemeinde und zugleich jene mit dem größten Anteil an Biobauern. Zu diesen zählt, nicht von ungefähr, der Chef eines hier ansässigen, weltweit renommierten Erzeugers von Biomasse-Heizungen. Fast an der Durchzugsstraße liegt das kleine Einkaufs- und Versorgungszentrum → **SMS Bonstingl.** Es beherbergt auch einen Bauernladen mit einem schönen Angebot regionaler Produkte.

Nächste Station ist das auf einer Anhöhe liegende Kirchberg an der Raab. Nicht nur mit seiner Lage

LINKS: *Auch wegen des Ambientes einen Besuch wert: der Gleisdorfer Bauernmarkt.*

UNTEN: *Öle in großer Vielfalt und höchster Qualität: Christa und Heinz Unger.*

und seinem gepflegten Ortsbild eignet es sich bestens als „Basislager" der West-Tour. Ihr → **Altes Gehöft am Lormanberg** inmitten eines Obstgartens hat die Familie Schöllauf einfühlsam und mit Liebe zum Detail zu einem wunderbaren Feriendomizil – drei Häuser und eine Wohnung – gestaltet.

Ein „Abstecher"

Wir fahren weiter nach → **Kirchbach in Steiermark.** Hier gibt es ein Gasthaus mit, im wahrsten Sinn des Wortes, eingefleischter Fangemeinde: den → **Pucher.** Berühmt ist er für die Breinwurst aus der angeschlossenen Fleischerei. Die Breinwurst wird aus sogenannten minderwertigen Teilen des geschlachteten Schweines, Rollgerste oder Buchweizen, Kräutern und Gewürzen komponiert. Das Prinzip dahinter: möglichst alles zu verwerten.

Als es noch private Schlachtungen gab, hatte jedes Haus seine eigenen Breinwürste. Heute ist die aus Sparsamkeit und Respekt geborene Speise vielfach schon zur gesuchten Spezialität geworden. Ähnliches gilt für den Bluttommerl, eine Art Omelett oder Soufflé (je nachdem, ob in der Pfanne oder im Rohr gebacken) aus Schlachtblut, etwas Milch, verquirltem Mehl und angeröstetem Zwiebel. Für Anfänger vielleicht eine Herausforderung, für Liebhaber eine Delikatesse. Bluttommerl wird auch beim Pucher in Kirchbach nur selten serviert: an den jeweils vier Schlachttagen Anfang November und Anfang Februar. Dann heißt's auf jeden Fall: Tisch reservieren!

Nach diesem Abstecher (zarter Besaitete mögen die Doppeldeutigkeit verzeihen) zurück auf den Pfad der tugendhaften Ernährung. Wir steuern den → **Biohof Unger** in Mitterlabill an. Der kuriose Ortsname beinhaltet, zumindest phonetisch, schon fast die Philosophie, die der Lebensmittelproduktion dieses Hofes

115

REZEPT *Helga Kirchengast*

Heidensterz mit Bohnen und Grammeln

Für 4 Personen

- 1 Tasse Buchweizen
- 2 Tassen Heidenmehl
- ca. 3 Tassen Wasser
- 2 Tassen gekochte Käferbohnen
- Sonnenblumenöl, kalt gepresst, oder Schweineschmalz
- Salz
- Grammeln

1 Den Buchweizen trocken anrösten und mit 1 Tasse Wasser aufgießen, aufkochen, salzen und ziehen lassen, bis die Körner weich sind. Übriges heißes Wasser dazugeben und das Heidenmehl einrühren – die Masse soll einen mittelfesten Teig ergeben. Nochmals mit Salz abschmecken.

2 In einer Rein das Fett heiß werden lassen und den Teig darin rösten. Nach ca. 15 Minuten – der Sterz soll schon leicht gebräunt sein – die gekochten warmen (oder aufgewärmten) Bohnen beifügen und noch 5–10 Minuten mitrösten.

3 Grammeln in einer Pfanne kurz rösten und über den fertigen Sterz streuen.

Kann mit Saurer Suppe, Schwammerlsuppe oder Salat genossen werden.

TIPP: *Verzichtet man auf die Grammeln, ist dies ein hochwertiges veganes Gericht, da es alle lebenswichtigen Vitamine, Mineralstoffe und Fette enthält. Besonders, wenn man das kalt gepresste Sonnenblumenöl der Familie Unger verwendet, das hoch erhitzbar ist und die seltene Omega-9-Fettsäure enthält.*

RECHTS: *Mit einem riesigen Korb in Gniebing feierten die Vulkanland-Korbflechter 2013 ihre Aufnahme in das immaterielle Kulturerbe der UNESCO.*

zugrunde liegt: das labile ökologische Gleichgewicht wahren und stärken. In abwechslungsreicher Fruchtfolge bauen Christa und Heinz Unger neben den üblichen Getreidearten Lein, Leindotter, Hanf, Soja, Kürbisse, Sonnenblumen und vieles mehr an. Daraus werden ausnahmslos in Kaltpressung Öle erzeugt. (Auf das Kürbiskernöl gehen wir im Kapitel „Öhll!" gesondert ein.)

Heinz Ungers Vater betrieb Schweine- und danach Geflügelzucht. Im Jahr 2001 brannten nacheinander zwei Ställe und dann der Räucherschrank ab. Der Sohn verstand das als „Aufrüttler", wie er erzählt: „Will uns das Schicksal damit etwas sagen?" Das junge Paar zog jedenfalls seine Konsequenzen daraus. Christa Unger, ausgebildete Diätologin, liefert zu jedem der Öle mit ihrem hohen Gehalt an Omega-3-Fettsäuren – Lein-, Leindotter- und Hanföl – fundierte Infomationen und Empfehlungen zur Anwendung. Wie vielseitig man die Sojabohne verwenden kann, vermittelt sie in eigenen Kochkursen.

Ehemann Heinz gerät seinerseits ins Schwärmen, wenn er auf das Omega-9-Sonnenblumenöl zu sprechen kommt. Die Sonnenblumenart, die dieses Öl liefert, entstand in Russland durch natürliche Mutation, die das Fettsäuremuster der Kerne veränderte. Sie enthalten 90 Prozent Ölsäure (einfach ungesättigte Fettsäure), die auch als Omega-9-Fettsäure bezeichnet wird (bei Oliven- und Rapsöl beträgt der Anteil etwa 60 Prozent). Das Öl kann hoch erhitzt werden und es hat einen hohen Anteil an Vitamin C und wirkt positiv auf den Cholesterinstoffwechsel.

Die Produkte der Ungers gibt es auch → **Milli's Bio-Oase** in Kirchbach zu kaufen, die jeden zweiten Samstag (gerade Kalenderwoche) vormittags geöffnet hat. Sie ist der erste Knotenpunkt eines Netzwerks, das die kleinstrukturierte Nahversorgung in allen Regionen fördern soll. Dazu passend gibt es in Kirchbach einen E-Bike-Verleih. Man kann sich also, inspiriert vom Angebot in der Bio-Oase, mit bestem ökologischem Gewissen zu den Quellen aufmachen – und sollte dabei auf keinen Fall den Kapellen-Hügel von Glojach auslassen. Die Reize dieses beliebten Wallfahrtsortes haben wir schon im Kapitel „Terra Vulcania" gewürdigt. Für die Mühe des Bergaufstrampelns, die ja mit Elektrounterstützung so groß nicht ist, wird

117

UNTEN: *Das sommerliche Kulinarium in St. Stefan im Rosental zieht jeden Mittwoch hunderte Besucher an.*

man mehr als entschädigt. Und unten wartet dann die ebenfalls schon erwähnte solide Labung durch Wirtin Petra Dampfhofer und ihre Familie im → **Gasthaus Leber.**

Auf Gastfreundschaft in vielfachem Sinn treffen die Besucher auch in → **St. Stefan im Rosental,** dem Endpunkt unserer westlichen Tour (Nr. 2). Die Gemeindeväter und -mütter haben den Namenszusatz ihres Marktes wörtlich genommen: Im Rosarium bieten 500 Rosenstöcke mit mehr als 100 Sorten ein betörendes Seh- und Riecherlebnis. Dem entspricht auf kulinarischer Ebene – das Kulinarium. Von Ende Juni bis Anfang August jeweils mittwochs ab 18 Uhr zeigen Gastbetriebe des Ortes auf dem Platz vor der Rosenlandhalle, was sie drauf haben – oder zumindest einen Teil davon. Bodenständige Küche dominiert, und mit fortschreitendem Abend verlegt sich der Schwerpunkt auf die Kommunikation. Keine Lautsprechermusik stört die Hunderten Tischgespräche, die sich zu einer eigenen rhythmischen Melodie verdichten, sanft begleitet von einem Musikanten-Trio, das seine Runden zieht. Ein stimmiger Schlussakkord. ■

TOUR 2: DER UNTERSCHÄTZTE WESTEN

Adressen

- **Weltmaschine Gsellmann**
  Kaag 12, 8332 Edelsbach bei Feldbach
  Tel: 03115/2983
  office@weltmaschine.at
  www.weltmaschine.at

- **Wirtshaus Huber**
  Florian Huber
  Hauptstraße 5,
  8311 Markt Hartmannsdorf
  Tel. 03114/2218
  mahlzeit@wirtshaus-huber.at
  www.wirtshaus-huber.com

- **Gasthof Siegfried Gruber**
  8311 Markt Hartmannsdorf 112
  Tel. 03114/2277
  office@gasthof-gruber.at
  www.gasthof-gruber.at

- **Hermax Bräu**
  Hermann Nothdurfter
  Reith 72, 8311 Markt Hartmannsdorf
  Tel. +43 699 11 87 62 16
  hermann.nothdurfter@gmx.at

- **Margrit Schweighofer,
  Slow Flowers – Vom Hügel**
  Erbersdorf 1, 8322 Studenzen
  Tel. +43 650 4229071
  office@vomhuegel.at
  www.vomhuegel.at

- **Pizzeria Figaro, Gottfried Lagler**
  Wünschendorf 190, 8200 Gleisdorf
  Tel. 03112/6173
  office@solar-cafe.at
  www.pizzeria-figaro.at
  www.sprossen.at

- **Gleisdorf**
  www.gleisdorf.at

- **Bauernmarkt Gleisdorf**
  am Kirchplatz
  Mittwoch: 13–17.30 Uhr
  Samstag: 7–12 Uhr

- **Josefa Glieder**
  Labuch 18, 8200 Gleisdorf
  Telefon: 03112/3319
  gliederbrot@aon.at

- **SMS Bonstingl**
  8321 St. Margarethen/Raab 329
  Tel. 03115/2397
  office@bonstingl-kg.at
  www.sms.bonstingl-kg.at
  Bauernladen

- **St. Margarethen an der Raab**
  www.stmargarethenraab.
  riskommunal.net

- **Kirchbach**
  www.kirchbach.at

- **Altes Gehöft am Lormanberg**
  Familie Schöllauf
  Lormanberg 62, 8324 Kirchberg/Raab
  Tel. 03152/4777
  Mobil: +43 664 3438776
  schoellaufmaria@aon.at
  www.traum-urlaub.at

- **Gasthaus Pucher**
  8082 Kirchbach 51
  Tel. 03116/2304

- **Biohof Unger**
  Heinz & Christa Unger
  Mitterlabill 18, 8413 St. Georgen/Stfg.
  Tel. 03184/2335
  hc.unger@aon.at

- **Bio-Bauernmarkt Kirchbach**
Milli's Bio-Oase
Samstag: 8.30–12 Uhr (14-tägig)
www.bio-oase.at/markt_termine.html
www.bio-oase.at

- **Gasthaus Leber**
Glojach 20
8421 Glojach
Tel. 03184/2210
gasthof.leber@aon.at

- **St. Stefan im Rosental**
www.rosental.at

Weiters kann ich empfehlen:

- **Gottfried Lamprecht**
Pöllau 43, 8311 Markt Hartmannsdorf
Tel. 03114/2693
Mobil: +43 699 17149689
office@herrenhof.net
www.herrenhof.at
Bio-Weine

- **Familie Nigitz**
Takern II 47
8321 St. Margarethen/Raab
Tel. 03115/2059
nigitz@aon.at
Holzofenbrot – ab Hof-Verkauf Dienstag und Freitag oder auf Vorbestellung

- **Bienengarten Edelsbach**
Edelsbach 100
8332 Edelsbach/Feldbach
Tel. 03115/3133
info@bienengarten.at
www.bienengarten.at
Akademie im Bienengarten – Seminare und Führungen

- **Gasthof-Fleischerei Haiden**
8091 Jagerberg 6
Tel. 03184/8227
erwin.haiden@direkt.at
www.gasthof-fleischerei-haiden.at
Gute, bodenständige Wirtshausküche, Zimmer, Schinken und Würste vom Turopolje-Schwein

- **Milchhof & Hofkäserei**
Familie Franz und Ursula Hofstätter
Unterzirknitz 22, 8091 Jagerberg
Tel. +43 664 9517596
kaese@hofstaetter.or.at
www.hofstaetter.or.at
Kuhkäse und Milchprodukte, Ab Hof-Verkauf

- **Sasstalerhof**
Peter & Renate Jöbstl
8092 Mettersdorf 16
Tel. 03477/2317
office@sasstalerhof.at
www.sasstalerhof.at
Gute, bodenständige Wirtshausküche, Zimmer

→ **Fleischhauerei Thaller**
Hauptstraße 34
8311 Markt Hartmannsdorf
Tel: 03114/2283
fleischhauerei.thaller@aon.at
www.fleischhauerei-thaller.at
Goldthallerschinken, Chili-Beißer, Würste

→ **Landgasthaus Fürnschuss**
Kirchbach 44
8082 Kirchbach in Steiermark
Tel. 03116/2222
office@fuernschuss.at
www.fuernschuss.at
Verfeinerte, bodenständige Wirtshausküche

→ **Berggasthof Fink**
8081 Edelstauden 19
Tel. 03134/30055
info@berggasthof-fink.at
www.berggasthof-fink.at
Gute, bodenständige Wirtshausküche

→ **Gasthof – Pension Monschein Freissmuth**
8322 Erbersdorf 49
Tel. 03115/2330
gasthof.monschein@aon.at
Gute, bodenständige Wirtshausküche, Zimmer

UNTEN: *Jagerberg, dahinter die Kapelle von Glojach.*

FÜR LEIB & SEELE – TOUR 3

Der fließende Süden

Zwei offene Weiße aus dem Doppler gab es im Gasthof meines Onkels, dem Heimathaus meiner Mutter, in der Obersteiermark: den Jerusalemer und den Luttenberger. Der eine resch, der andere mild, wie es damals hieß. In Unkenntnis der wahren Herkunft verband ich als Kind mit dem Jerusalemer das Heilige Land. Dass das falsch und irgendwie doch auch richtig war, sollte ich erst viel später erfahren. Der bei den Obersteirern beliebte Wein kam aus der Untersteiermark, aus dem Anbaugebiet um Jeruzalem, wie es auf Slowenisch geschrieben wird, und Ljutomer, dem früheren Luttenberg.

Der Ortsname Jerusalem geht der Legende nach auf Kreuzfahrer zurück, die sich in der Gegend niederließen, weil ihnen das Geld oder die Lust oder beides ausgegangen war, zum eigentlichen Bestimmungsort weiterzuziehen. Sie beschlossen kurzerhand, dass eben dieses schöne Land ihr Jerusalem sei. Aus programmierten Kriegern wurden friedliche Bauern – eine schöne Geschichte, ob wahr oder erfunden.

Und sie passt sehr gut zu jener des Weingutes → **Dveri Pax,** dem „Tor zum Frieden", in Jarenina nahe der slowenisch-österreichischen Staatsgrenze bei Šentilj/Spielfeld. Nach einer wechselvollen Geschichte mit Enteignung duch die Nazis 1938 und Übernahme durch das kommunistische Jugoslawien 1945 wurde es nach dessen Zerfall dem ursprünglichen Besitzer zurückgegeben, dem Benediktinerstift Admont. Seit 2001 wird im ehemaligen Jaringhof wieder Wein gekeltert. Die Trauben kommen unter anderem aus Jeruzalemer Rieden. An der dortigen Weinstraße liegt das zum Weingut gehörende ehemalige Schloss Eisenthür, heute Grad Železne dveri.

Die Tradition der benediktinischen Weinerzeugung in Jarenina reicht bis ins Jahr 1139 zurück, erfahren wir in Dveri Pax. Heute wird mit modernster Technik und integriertem Pflanzenschutz gearbeitet, was eine Reduktion der Spritzmittel um die Hälfte erlaubt. Vom neuen Weinkeller mit Verkostungs- und Verkaufsraum führt eine Kastanienallee zum vorbildlich restaurierten Gutshaus. Das beherbergt ein kleines Museum und den alten Weinkeller, den man auch für private Feste inklusive Catering mieten kann.

Die Weine von Dveri Pax umfassen die ganze regionale Sortenvielfalt in unerschiedlichen Ausbaulinien ohne und mit Holz, mit einer untersteirischen Besonderheit: dem Furmint oder Šipon, wie er auf Slowenisch heißt. Dieser Name geht, wiederum der Legende nach, auf folgende Begebenheit zurück: Als Napoleon 1809 Teile des heutigen Slowenien besetzte, wurde er von den im Feudalsystem ausgebeuteten Bauern als Befreier empfangen. Bei einer Gelegenheit brachte

TOUR 3: DER FLIESSENDE SÜDEN

man ihm als Zeichen der Gastfreundschaft Wein dar. Der Kaiser kostete und war angetan: „C'est bon!" Der slowenische Šipon war geboren.

Verbinden statt trennen

Die Verbindung von Stift Admont und Dveri Pax ist ein Sinnbild dafür, dass die Steiermark als Kultur- und früher auch Wirtschaftsraum „vom Dachstein bis ins Rebenland im Tal der Drau" reicht, wie es in der Landeshymne heißt. Mit dem Beitritt Sloweniens zu EU, Euro-Zone und Schengen-Raum sind die durch Kriege gezogenen Grenzen wieder aufgehoben worden. Bis das auch die Köpfe und Herzen der Menschen erreicht, wird es wohl noch etwas dauern. Die Initiative „Genuss am Fluss im Steirischen Vulkanland" will da nachhelfen. Sie venetzt mehr als hundert Betriebe im Bereich Gastronomie, Kulinarik und Touristik. „Die Grenzmur trennt uns nicht, sie verbindet uns mit unseren Nachbarn", heißt es im Begleittext zur Übersichtskarte. Auf slowenischer Seite machen vorerst sieben Betriebe in vier Gemeinden mit – Šentilj, Lenart, Cerkvenjak und Sveta Trojica. Auf der steirischen Seite ist in der Übersichtskarte, die alle teilnehmenden Betriebe auflistet, lobenswerterweise das dichte Radwegenetz eingezeichnet.

diese seite: *Herzliche Gastfreundschaft jenseits der Grenze, die eigentlich keine ist: Cvetka und Viljem Gaube.*

Auch wenn sie formal nicht an dem Fluss-Projekt beteiligt ist – ideell und emotionell gehört sie dazu: die → **Familie Gaube** mit ihrer Turistična kmetija, dem touristischen Bauernhof, in Šentilj. Man zweigt kurz nach dem Bundesstraßen-Grenzübergang in Spielfeld links ab, auf der Route, die auch zu Dveri Pax führt, und folgt dann den Pfeilen. Vorbei an einem Teich, wo sich Wanderer und Radfahrer mit Quellwasser laben können, führt die Straße zum Hof. Der Empfang ist von seltener Herzlichkeit – und durchaus geistreich: Viljem Gaube serviert in der Weinlaube hausgemachten Schnaps mit angesetzten Schwarzbeeren. Aus der Küche von Gattin Cvetka gibt es heute köstliche gefüllte Paprika in einer sämigen Paradeissauce, davor aber noch hausgemachte Wurst, Käse und wunderbar luftiges halbweißes Brot.

Siebzig Prozent des Angebots einer Turistična kmetija müssen laut Gesetz aus Eigenproduktion kommen. Bei den Gaubes sind es neunzig Prozent. Der Hauswein ist eine süffige Cuvée aus den gängigen regionalen Sorten und mit seiner ganz leichten Firnis ein typischer Untersteirer. Nach dem Essen zeigen uns Cvetka und Viljem ihr Reich. Viljem führt uns seine aus alten Komponenten konstruierte Getreidemühle vor, mit der er gleichzeitig Mehl in verschiedenen Feinheitsgraden herstellen kann. Cvetka präsentiert

RECHTS: *Einige der Grundprodukte des begehrten „Pock"-Biers.*

die vollen Regale mit eingelegtem Obst und Gemüse. „Kibelfleisch" gibt es auch. Cvetkas Spezialität sind Würste: Breinwurst mit Hirse, Buchweizen oder Gerste, Blutwurst, Wurst mit Bärlauch.

Geöffnet ist von Freitag bis Sonntag, auf Vereinbarung auch an anderen Tagen. Wenn man vorher anruft, kann man mit Cvetka das Menü besprechen. Und wenn man am Abend nicht mehr heimfahren kann oder will – was angesichts der Gastlichkeit des Ortes nicht unwahrscheinlich ist –, gibt es Gästezimmer mit insgesamt 22 Betten. Gornik sei der frühere Hausname gewesen, berichtet Viljem. Das heißt auf Deutsch „Bergler". Wir trennen uns schwer von diesen warmherzigen und weltoffenen Berglern. Beim Abschied sehen wir einen der Gaube-Söhne mit einem Helfer bei der Arbeit, einem 19-jährigen Engländer, den die Familie über die internationale Bewegung Wwoof angeheuert hat. (Wwoof vermittelt weltweit biologisch geführten Betrieben junge Menschen, die für freie Kost und freies Quartier mithelfen.) Betont lässig werfen die beiden Holzscheite in großem Bogen auf einen Anhänger. Viljem lacht: „Solange sie nicht den Traktor treffen …"

Auf der Rückfahrt nehmen wir die Route über St. Veit am Vogau, das als neue Regionsgemeinde St. Veit in der Südsteiermark heißt. Zweihauben-Koch → **Norbert Thaller** macht mit seinem Gasthaus am Kirchplatz mit beim „Genuss am Fluss". Die Grundprodukte für seine Küche bezieht er großteils aus der näheren Umgebung. Die Fische kommen aus dem eigenen Fischteich, die Kräuter aus den eigenen Beeten. Ein lauer Sommerabend im wunderschönen Gastgarten des Restaurants ist allein schon eine Reise nach St. Veit wert.

Wir wollen noch einen der österreichischen Initiatoren von „Genuss am Fluss" treffen. Georg Pock ist 2008 mit Gattin Mabel und den drei Kindern aus Graz nach Pichla bei Mureck gezogen, um den Landwirtschaftsbetrieb des Onkels zu übernehmen. Zwischen den alten Gebäuden des Hofes steht inzwischen ein modernes Haus mit Flachdach, entworfen von der studierten Architektin Mabel. Im ersten Stock wohnt die Familie, im Erdgeschoß braut der ausgebildete Lebensmittelbiologe das → **„Pock Bier"**. Und das macht er so gut, dass die drei Sorten – Standard, Pils und Black Pock – ständig ausverkauft sind. Deshalb ist Vorbestellung ratsam.

Während er den Gärprozess im Kessel kontrolliert, erzählt Georg Pock, wie es zum „Genuss am Fluss" kam: „Dieser Teil der Südoststeiermark war bisher abgestempelt als Saubauern-Gegend und hatte nichts von der Vulkanland-Strategie." Dabei habe das Land am Fluss mit seiner stillen Schönheit alle Voraussetzungen für

LINKS: *Von der Stadt aufs Land: Mabel und Georg Pock.*

ein „entschleunigtes Paradies". Zusammen mit eingen Gleichgesinnten brachte Pock das Projekt auf Schiene. Zur Impulsveranstaltung im Juli 2014 in Donnersdorf, wo eine Fußgänger- und Radfahrerbrücke über die Mur führt, kamen rund 600 Menschen. Und 50 sprangen in den Fluss, als Ausdruck ihrer Begeisterung über die Initiative. Pock und viele andere hoffen, dass sich daraus weitere wirtschaftliche Impulse für die Grenzregion entwickeln. Nach dem Zweiten Weltkrieg habe etwa die Gemeinde Mureck zwei Drittel ihrer Einwohner verloren.

Der Mühlen-Weg

Mit seiner über die Steiermark hinaus bekannten → **Schiffsmühle** steht Mureck heute für erfolgreiche touristisch-kulturelle Projekte in ökonomisch benachteiligten Regionen. Die Mühle wurde 1997 nach originalen Vorbildern errichtet und ist die einzige funktionierende dieser Art in Mitteleuropa. Anders als die früheren Schiffmühlen, die bis 1945 auf der unteren Mur weit verbreitet waren und dort anlegten, wo Bedarf herrschte, ist sie fix mit dem Ufer verbunden. Bereits vier Mal wurde die Mühle Opfer von Hochwasser, danach aber immer wieder restauriert. Sicherer auf dem Festland stehend, bietet das → **Restaurant Mühlenhof** den Besuchern gehobene Gastronomie. Günter Zach folgt mit seiner Küche dem regionalen Lauf der Jahreszeiten.

Und wir folgen von Mureck aus einer Route, die sich vermutlich schon bald als der Mühlen-Weg etablieren wird. In Wittmannsdorf, rund 10 Kilometer nördlich, steht seit rund 400 Jahren die → **Ottersbachmühle.** Vor etwa 40 Jahren wurde sie, weil unrentabel geworden, eingestellt. Im Sommer 2014 wurde sie nach zweijähriger, aufwendiger Sanierung wiedereröffnet. Unterstützt vom Land Steiermark und der EU, haben der Bauunternehmer Rudolf Strohmaier und

RECHTS: *Mustergültig restauriert und mit neuem Leben erfüllt: die 400 Jahre alte Ottersbachmühle.*

sein Freund und Geschäftspartner Theodor Poppmeier viel Geld und noch mehr Idealismus investiert und ein Schmuckstück geschaffen, das der ganzen Region Auftrieb geben wird. Das vier Tonnen schwere Mühlrad wird wie einst vom abgeleiteten Wasser des Ottersbachs angetrieben, zu bestaunen von der Holzbrücke aus, die auch Platz für eine kleine Tafel bietet.

Denn die Mühle ist nicht nur ein voll funktionsfähiges Mahl-Wunderwerk, das in verschiedenen Schauräumen bestaunt werden kann. Sie ist auch ein Gasthaus, das von Freitag bis Sonntag geöffnet hat. Auf zwei der vier Ebenen der imposanten Holzkonstruktion im Innern können sich Besucher bewirten lassen. Das regional geprägte Speisenangebot enthält zu unserer Freude auch Gerichte wie „Omas Ritschert" und Käferbohnengulasch. Bei den Weinen verfügt man mit dem gleich gegenüber, auf der anderen Straßenseite, angesiedelten Gut Frauwallner sozusagen über eine Hausmarke.

Der Verein → **EigenArt am Bauernhof** bietet Kunsthandwerk und bäuerliche Spezialitäten im obersten Stock der Mühle.

Von Berglern war schon eingangs die Rede. Was die „Gorniks" bei den slowenischen Untersteirern sind, sind die Bergler im südoststeirischen Hügelland: „die oben". Dass die Berge selten über 400 Meter

LINKS: *Fast wie auf der Alm: Sepps Berglermühle.*

hinausragen, tut da nichts zur Sache. In St. Peter am Ottersbach wird sogar zwischen dem Ober- und dem Unterrosenberg unterschieden. Bei der Mühle, die am Hang des Rosenbergs liegt, kann es sich folglich nur um eine Berglermühle handeln. → **Sepps Berglermühle**, um genau zu sein. Sepp Pail, von Beruf Pressefotograf, hat hier die 100 Jahre alte Mühle seines Großvaters reaktiviert. Zu besonderen Anlässen wird auch wirklich Mehl gemahlen. Die einstige Müllerstube ist ein kleines Museum. Mühle und Nebengebäude bilden den Rahmen für die Buschenschank. Der weitläufige Charakter des Ensembles mit Tischen und Bänken inmitten großer Grünflächen macht das besondere Flair des Platzes aus. Die Buschenschank selbst, von Monika Pail geführt, ist ein 300 Jahre altes Holzhaus, das ursprünglich 20 Kilometer entfernt stand. 2001 hat man es abgebaut und hier wieder zusammengesetzt. Als das Haus bis auf das Bett im Schlafzimmer schon komplett ausgeräumt und bereit zum Auseinandernehmen war, erbaten sich die ehemaligen Besitzer, ein betagtes Ehepaar, noch eine letzte Nacht darin, erzählt Monika Pail.

Rosenberge gibt es in der Südoststeiermark einige. Jener in St. Peter am Ottersbach zeichnet sich unter anderem durch das Rosarium aus, das am Rundwanderweg liegt: Rosenbögen unterschiedlicher Sorten auf kunstvoll geschmiedeten Konstruktionen bilden eine Art Tunnel. Das Rosarium ist Teil des Projektes „Weindorf", mit dem der Ort seine besonderen Qualitäten herausstreicht. Und so geht das Licht am Ende des Rosentunnels bald in flüssigen Aggregatzustand über, wenn man sich den Weinen der Gegend widmet.

Im Kapitel Wein habe ich die Ansicht vertreten, dass die Südoststeiermark ihre Stärken vor allem in den weißen Burgundern ausspielt. Dies muss ich nun stark relativieren. Rund um St. Peter produzieren Betriebe seit einigen Jahren Sauvignons von einer Qualität, die sich mit den besten Vertretern der Südsteiermark messen kann: sortentypisch mit der grasig-würzigen Note, die aber nicht aufdringlich, sondern harmonisch eingebunden ist.

Für das erste Beispiel bleiben wir am Rosenberg. In der → **Familie Ploder** führen zwei Generationen Erfahrung und Innovation zusammen. Das drückt sich schon äußerlich in der Verbindung von alter und neuer Architektur aus, mit einem modernen Kost-, Verkaufs- und Veranstaltungstrakt. Und was die inneren Werte betrifft, so haben sich die Ploders für den biodynamischen Weinbau entschieden. 2011 wurden die ersten Weine nach dieser Philosophie auf Flasche gefüllt.

RECHTS: *In Georgien erfunden, am Ottersbacher Rosenberg wiederbelebt: der archaische „Orangewein".*

Der Ur-Wein

Zugleich praktiziert das Haus die älteste Methode der Weinerzeugung, die jetzt eine Renaissance erfährt, die Fachwelt aber nach wie vor spaltet: „archaische Orangeweine", so genannt wegen ihrer Farbe. Ursprungsland des Verfahrens ist Georgien, wo es seit der Antike angewandt wird. Der Name des Verfahrens, Kvevri oder Qvevri, kommt vom georgischen Wort für Amphore. Die Trauben aus biodynamischem Anbau werden auf der Schale vergoren, in Tonamphoren unter der Erde zu Wein ausgebaut und danach im Holzfass gelagert. Es ist ein völlig anderes Weinerlebnis, dem man sich unvoreingenommen nähern sollte. Als Ausdruck ganzheitlichen Denkens und Handelns nennen die Ploders ihren Amphorenwein „Esperanto".

Nach herkömmlicher Methode, aber naturnah, wie sie betonen, und generationenübergreifend arbeiten zwei weitere erwähnenswerte Betriebe. Sie liegen auf der Ost- bzw. Nordostseite von St. Peter: der → **Weinhof Reichmann** in Khünegg – auf diesen besonderen Ort bin ich schon im Kapitel „Feiern" eingegangen – und der → **Weinhof Rauch** in Perbersdorf. Beide Häuser erzielen bei den klassischen Sorten immer wieder ausgezeichnete Ergebnisse. Und wir waren, um es zu wiederholen, besonders von den Sauvignons angetan.

unten: *Blick von der Ottersbacher Weinwarte auf den Gleichenberger Kogel (Mitte) und den Stradner Kogel.*

rechts: *Der Charme des Hinfälligen: alte Sägemühle südlich von Straden.*

Der Weg vom Süden zur Weinwarte auf dem Perbersdorfberg führt mitten durch das Rauch'sche Anwesen, und das ist ein weiteres starkes Argument für einen Verkostungsstopp. Von der 25 Meter hohen Weinwarte in „spannender" Holzkonstruktion sieht man an klaren Tagen bis in die ungarische Tiefebene.

Wir aber wenden uns wieder nach Süden, wohin auch die vielen Bäche fließen. Nahe Purkla, wo einmal die Gleichenberger Bahn an die Radkersburger Trasse angeschlossen werden sollte, stoßen wir auf die Bundesstraße nach Osten und passieren Halbenrain. Dass sich der Ort zur Hochburg einer steirischen Kulinarik-Ikone entwickelt hat, liegt vor allem am „Käferbohnenkabinett". Mit beidem, der Frucht und ihrer engagierten Veredlerin Michaela Summer, befasse ich mich ausführlich im Kapitel „Ein Sensiberl".

In Bad Radkersburg, im äußersten Südostzipfel des Landes, kehren wir an die Mur und deren Symbolik zurück, die sich wieder mehr dem Verbindenden zuwendet. 2010 wurde die neue, künstlerisch gestaltete Brücke zwischen den Teilen einer einst gemeinsamen Stadt, dem österreichischen Radkersburg und dem slowenischen Gornja Radgona (Oberradkersburg), eröffnet. Seither haben sich auch die flussüberschreitenden Initiativen und Aktivitäten in vielen Bereichen intensiviert. Während der Landwirtschaftsmesse in Gornja Radgona Ende August beispielsweise gibt es einen Steiermarktag. Umgekehrt beteiligen sich an Kulinarikfest und -messe im Radkersburger Congresszentrum Zehnerhaus Anfang Oktober viele slowenische (und auch italienische) Betriebe.

Die → **Parktherme** wurde seit dem Ende 2012 abgeschlossenen Umbau nicht nur für Badegäste noch attraktiver, sie ist auch kulinarisch eine interessante Adresse. In den zwei Restaurants „Mehrblick" und „Fontäne" wird vorwiegend mit regionalen Produkten gekocht. In der „Fontäne" gibt es jeden Montagabend eine Weinverkostung mit einem Weinbauern der Region. Maßstäbe in puncto Wein setzt auch der urig-rustikale → **„Brunnenstadl"** in der Fehringerstraße, knapp 2 Kilometer vom Themenzentrum entfernt. Rund 90 Weine von Spitzenwinzern stehen auf der Karte – ein repräsentativer Querschnitt der Südoststeiermark.

Dennoch wäre es, bei aller Vielfalt, falsch, die Region auf Wein zu reduzieren. Das haben wir schon am Beispiel des „Pock-Biers" erfahren. Die Radkersburger → **Mikrobrauerei Bevog** macht seit ihrem Start 2013 international Furore. Mit seinen Ale-Bieren, Bieren der sogenannten oberen Gärung, die er nach eigenen Rezepten abwandelt, heimst der junge Braumeister Vasja Golar laufend Preise ein. Schon im Gründungsjahr wurde Bevog vom Online-Portal „ratebeer.com" unter die drei weltbesten Brauereien gereiht.

Alles in allem also ein äußerst stimmiges Bild: Hier, wo der steirische Fluss seine größte Ausdehnung erreicht, bevor er das Land verlässt, fließt alles zusammen.

→ **Dveri Pax**
Polički vrh 1, 2221 Jarenina
Slowenien
Tel. +386 2 6440082
Mobil: +386 31789100
office@dveri-pax.com
www.dveri-pax.com

→ **Gaube Viljem & Cvetka**
Jareninska cesta 51, 2212 Šentilj
Slowenien
Tel. +386 2 6510481
Mobil: +386 4554991
tur.k.gaube@gmail.com

→ **Gasthaus Restaurant Thaller**
Am Kirchplatz 4,
8423 St. Veit in der Südsteiermark
Tel. 03453/2508
www.gasthaus-thaller.at

→ **Pock Bier**
Landwerkstatt & Genusslabor
Georg Pock
Pichla/M. 31, 8481 Weinburg
Tel. +43 664 1915963
office@pockbier.com
www.pockbier.com

→ **Murecker Schiffsmühle**
Restaurant Mühlenhof,
Inhaber Günter Zach
Am Mühlenhof 1, 8480 Mureck
Tel. 03472/2952
info@schiffsmuehle.at
www.schiffsmühle.at

→ **Sepps Berglermühle**
Wittmannsdorf 109
8093 St. Peter a. O.
Tel. +43 664 2109840
sepp@berglermuehle.com
www.berglermuehle.com

→ **Die Ottersbachmühle**
Wittmannsdorf 14
8093 St. Peter
Infos zur Mühle:
Firma Strohmaier
Tel. 03477/2345
info@ottersbachmuehle.at
Infos zum Mühlengasthaus:
Renate Denk
Tel. +43 664 75013903
gastro@ottersbachmuehle.at
www.ottersbachmuehle.at

→ **EigenARt**
Bauernladen in der Ottersbachmühle
Monika Absenger
Tel. +43 664 6438153
monika.absenger@gmail.com

→ **Ploder-Rosenberg**
Unterrosenberg 86, 8093 St. Peter a. O.
Tel. 03477/3234
office@ploder-rosenberg.at
www.ploder-rosenberg.at

→ **Weinhof Rauch**
Perbersdorf 30, 8093 St. Peter a. O.
Tel. 03477/2510
rauch@weinhof-rauch.at
www.weinhof-rauch.at

→ **Weinhof Reichmann**
Khünegg 54, 8093 St. Peter a. O.
Tel. 03477/2435
Mobil: +43 664 6590393
weinhof.reichmann@aon.at
www.weinhof-reichmann.at

→ **Bäcksteffl**
Familie Summer & Hofer
Dietzen 32, 8492 Halbenrain
Tel. 03476/3708
Mobil: +43 664 4151989
info@baecksteffl.at
www.hofer-kernoel.at

TOUR 3: DER FLIESSENDE SÜDEN

Adressen

→ **Thermenrestaurant Bad Radkersburg**
Tel. 03476/2677
info@parktherme.at
www.parktherme.at

→ **Erlebnisgaststätte Brunnenstadl**
Fehringerstraße 14,
8490 Bad Radkersburg
Tel. 03476/3710
info@brunnenstadl.at
www.brunnenstadl.at

→ **Brauhaus GmbH Bevog**
Gewerbepark B 9,
8490 Bad Radkersburg
Tel. 03476/41543
office@bevog.at
www.bevog.at

Weitere empfehlenswerte Adressen:

→ **Dr. Jakob Dorner**
Grazer Straße 14, 8480 Mureck
Tel. +43 664 2318436
office@weingut-dorner.at
www.weingut-dorner.at
Biowein

→ **Buschenschank Markowitsch**
Altneudörfl 144
8490 Bad Radkersburg
Tel. +43 664 4502636
info@buschenschank-
markowitsch.com
markowitsch.jimdo.com

RECHTS: *Blick auf St. Anna/Aigen.*

NÄCHSTE DOPPELSEITE: *Schon mehrmals aus den Fluten wiederauferstanden: die Schiffsmühle in Mureck.*

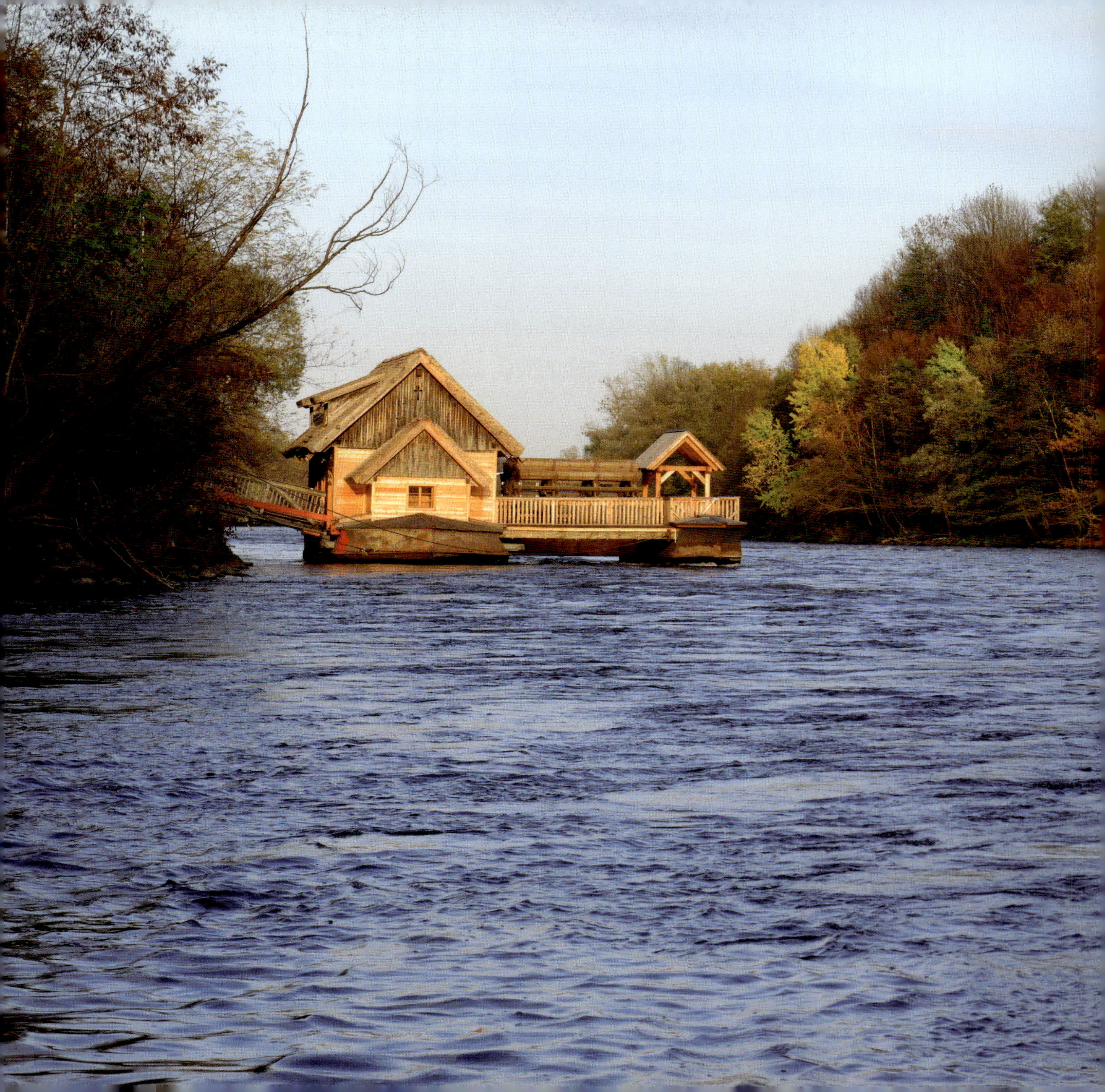

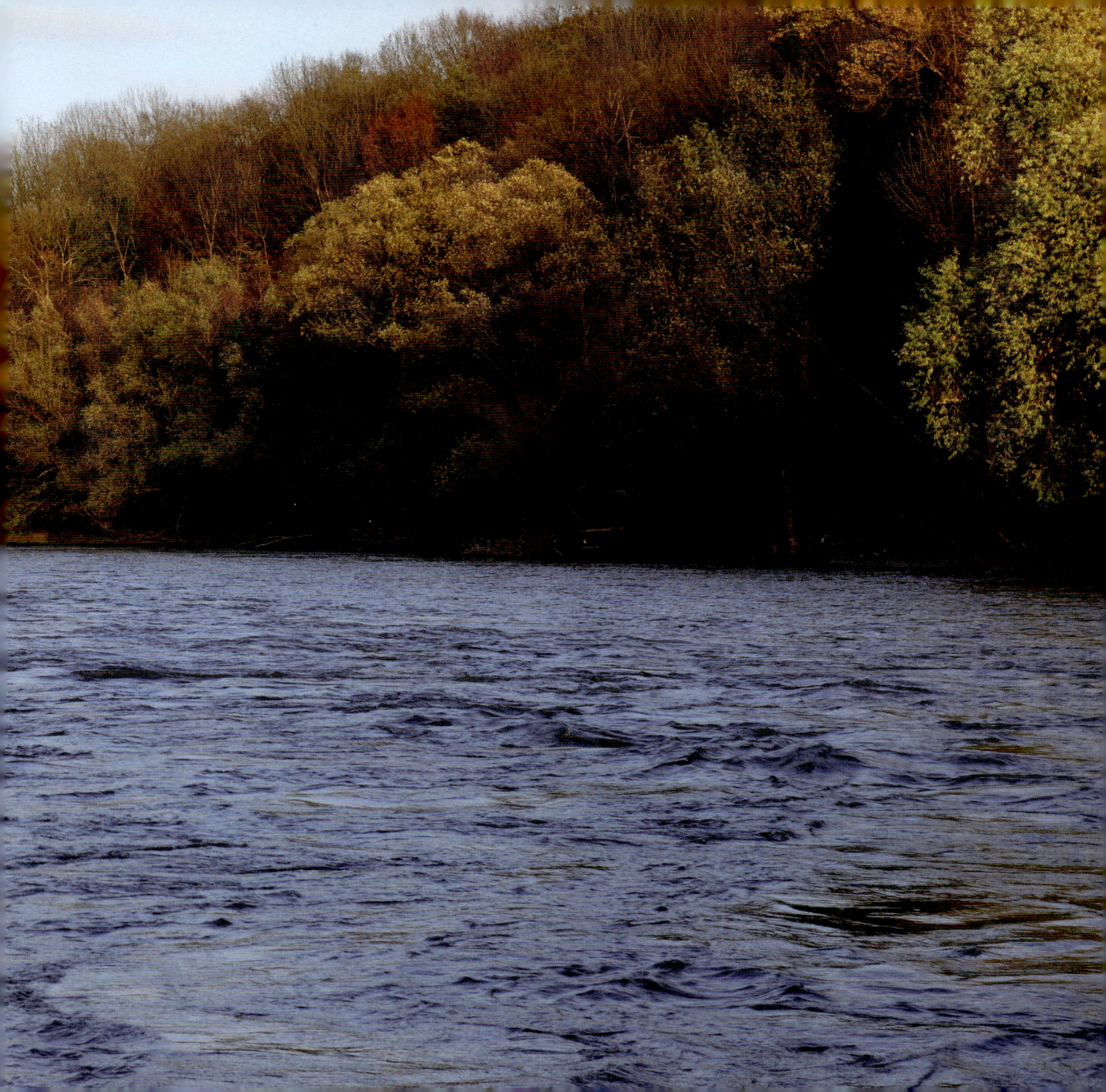

FÜR LEIB & SEELE – TOUR 4

Der klassische Osten

Der Kuruzzenkogel in Fehring: Seit dem Mittelalter wurden hier Alarmfeuer entzündet, die vor Überfällen aus dem Osten warnten, von Türken und später von den Kuruzzen. Unter diesem Begriff, der seine Entsprechungen im Ungarischen, im Slowakischen und im Rumänischen hat, ist vieles zusammengefasst. Anfang des 16. Jahrhunderts waren es revoltierende Kreuzzugsteilnehmer, die weite Teile des Königreichs Ungarn plünderten. Vom späten 17. bis zum Beginn des 18. Jahrhunderts lehnten sich ungarische Bauern gewaltsam gegen die Habsburger-Herrschaft auf. Uneinig sind sich Historiker und Linguisten, ob „Kuruzzen" ursprünglich vom lateinischen Wort crux (Kreuz) oder nicht eher vom ungarischen Adjektiv kuruc (mutig, widerborstig, aufrührerisch) kommt.

Letzteres klingt einigermaßen logisch, doch ist Logik bekanntlich keine historische Kategorie. Die Geschichte macht eben, was sie will. Und genau so verhält es sich mit der Verwendung des Begriffes Kuruzzen in der Südoststeiermark. Auch wenn die Kuruzzenaufstände hauptsächlich in Siebenbürgen, der heutigen Slowakei, in Nordostungarn und der westlichen Karpatho-Ukraine stattfanden, haben sich ihre Schrecken, wie schon andernorts erwähnt, im noch immer verbreiteten Fluch „Kruzitürken!" erhalten. Den meinen selbst gottesfürchtige Christen reinen Gewissens verwenden zu dürfen, was vielleicht anders wäre, wenn sie um die mögliche etymologische Verbindung mit dem Kreuz wüssten.

LINKS: *Bei diesem Blick wird klar, warum der Kuruzzenkogel einst strategische Bedeutung hatte.*

TOUR 4: DER KLASSISCHE OSTEN

Wie auch immer – Geschichte ist mitunter gnädig. Daher sind die Kuruzzen mit ihrem exotischen Klang ein beliebter Namensgeber. Die Attraktivität des Fehringer Kuruzzenkogels dürfte freilich andere Ursachen haben. Hier spielt sich immer am ersten Sonntag im Mai das „Kellerstöckl Hoamsuachn" ab, eine Wanderung durch die Weinberge. Es ist der Auftakt eines gesellschaftlichen Lebens, in dem Kulinarik und Kultur in unterschiedlichsten Konstellationen dominieren. Am ersten Augustwochenende präsentieren sich die Winzer der Region bei den Südoststeirischen Weintagen, Anfang September gibt es das international bekannte Jazzfestival „Most & Jazz". Und das ganze Jahr über tut sich was im städtischen Kulturzentrum, dem vorbildlich restaurierten → **Gerberhaus** – Ausstellungen, Konzerte, Lesungen. Fehring ist jedenfalls schon lange nicht mehr nur die heimliche Kulturhauptstadt des Raabtales.

Auf dem 428 Meter hohen Kuruzzenkogel gibt es – erraten – die → **Kuruzzenschenke.** Wunderschöner Panoramablick, Gastgarten inmitten eines Blumen- und Pflanzenparadieses. Dass die furchteinflößenden Namensgeber der Buschenschank hier einmal bewirtet worden sind, ist bei der Gastlichkeit des Ortes zwar durchaus vorstellbar, aber dennoch auszuschließen. Zwischen Fehring und Kapfenstein sei in jener Zeit eine riesige Mauer errichtet worden, an der die Eindringlinge scheiterten, lassen Josef und Silvia Konrad im Vorwort der Karte sicherheitshalber wissen. Offenbar hat dieses Bauwerk die Fantasie der Wirtsleute beflügelt: So finden sich im Speisenangebot

MITTE: *Schmeckt noch besser, als er aussieht: Reichers Spargel.*

RECHTS: *Die wunderbare Welt der Pflanzen: Schaugarten der Biogärtnerei Wagner.*

„1 Meter belegtes Brot" und „1 Meter Jause". Die Weinauswahl zieht sich gleichfalls über die ganze regionale Breite und hält auch einen Direktträger bereit, hier „Pink-Isabell" genannt.

Weiter geht es Richtung Süden. Auf der Landesstraße kommen wir nach Mahrensdorf, das bereits zur Gemeinde Kapfenstein gehört. Im Frühling und Frühsommer wird dieser Ort zu einer Pilgerstätte für Gourmets und Gastronomen aus nah und fern. Verantwortlich dafür sind → <u>Maria und Hans Reicher</u> und ihre fünf Kinder, die hier Spargel und Erdbeeren in höchster Qualität kultivieren. Von Mitte April bis Anfang Juni spielt es sich ab auf den Feldern und im Hof, dessen Ambiente die sympathisch-offene Art dieser Familie widerspiegelt. Gemeinsam mit Mitarbeiterinnen sortieren Familienmitglieder den Spargel und bedienen daneben die Kunden, in der Hochsaison sieben Tage in der Woche und bei allem Stress immer freundlich. Für Stress sorgen auch die Bocksprünge der Natur: 2013 fiel am 2. April der letzte Schnee, im Jahr darauf wurde zum gleichen Datum der erste Spargel geerntet, berichtet Maria Reicher, die selbst in der ärgsten Hektik Zeit für ein Gespräch findet. 2013 folgte dem späten Schnee ein Sommer mit Hitzerekord, 2014 folgte dem frühen Spargel ein verregneter Juli, August und September. Dass solche Wetterkapriolen durch den Klimawandel verursacht sind, kann man nur vermuten. Was ich hingegen sicher weiß: Frisch gestochener grüner Spargel entfaltet seinen würzigen, zart grasigen Geschmack am besten, wenn er, statt gekocht zu werden, in Olivenöl geröstet oder über Holzkohle gegrillt wird.

Grüne Oase in grüner Wüste

Spargel und Erdbeeren von Reicher findet man in der Saison in zahlreichen Gastronomiebetrieben der Region, und es ist reizvoll zu vergleichen, was die jeweiligen Küchenchefinnen und -chefs daraus machen. Ins Schloss Kapfenstein ist der Weg besonders kurz. Bevor wir uns dorthin wenden, machen wir noch einen Abstecher ein paar Kilometer nach Osten, zur → <u>Gärtnerei Wagner</u> in Gutendorf. Gärtnerei klingt zu prosaisch für diesen bezaubernden Platz auf einer Höhe inmitten bewaldeter Hügel. Im terrassenförmig angelegten Schaugarten werden exotische Pflanzen und Kräuter in enormer Vielfalt präsentiert und erklärt. Hier kann man stundenlang schauen, riechen, meditieren – eine kunstvoll angelegte Oase inmitten der grünen „Wüste". Die Gärtnerei wird als Bio-Betrieb geführt und arbeitet mit der „Arche Noah" zusammen, die sich bekanntlich der Erhaltung alter Pflanzensorten verschrieben hat. Chili-Liebhaber werden sich bei Wagner besonders wohl fühlen. Das breite Sortiment enthält einige besondere Raritäten, und bei den Gartenfesttagen Anfang September können sie ihre persönliche Schärfetoleranz testen.

Auf der Rückfahrt zeigt sich → **Schloss Kapfenstein** von ungewohnter Seite, ziemlich schroff aufragend und vielleicht gerade deshalb noch interessanter. Als ob es dessen noch bedurft hätte. Dem Besonderen dieses Ortes habe ich mich schon im Kapitel „Terra Vulcania" genähert. In meiner persönlichen südoststeirischen Beziehungskiste nehmen das Schloss und seine Familie einen zentralen Platz ein. Als Gäste haben meine Frau und ich die Entwicklung vom einfachen Gasthaus zum Haubenlokal, exquisiten Hotel und Spitzenweingut mitverfolgt. Und wir erinnern uns dankbar und gerne daran, wie Burkhardt Winkler-Hermaden, Sohn des Geologen (siehe „Terra Vulcania"), und mit Gattin Eva Begründer von Weingut und Restaurant, die Gäste in seiner freundlich-zurückhaltenden Art bediente. Eva Winkler-Hermaden, die im Vorjahr ihren 85er feierte, hat uns erzählt, wie es am Anfang war, mit den kleinen Kindern im großen Schloss – ohne Wasserleitung.

Von Bomben und Granaten

Wie sie und ihre Familie das Haus weiterentwickelt und dabei seine Seele bewahrt haben, darauf kann Eva Winkler-Hermaden zu Recht stolz sein. Ein Stück davon offenbart sich in den „Baunzerln", den hausgemachten runden Weckerln, die genauso schmecken wie früher. Und noch immer überkommt uns dieses eigenartige, unbeschreibliche Kribbeln, wenn wir nach dem Eintritt ins Schloss über den alten, ansteigenden Bretterboden gehen.

Die Söhne Georg und Martin stehen mit ihren Partnerinnen Margot und Elisabeth für besondere

OBEN: *Starkes Schlossteam: Georg, Eva, Johannes, Katharina, Martin, Elisabeth Winkler-Hermaden (v. li.)*

UNTEN: *Hinter dem Tor zum Schlosshof wartet eine eigene Welt.*

RECHTS: *Kapfenstein mit Schloss, Kirche und Weingärten: Höhenflüge vielfältiger Art.*

Leistungen in Keller und Küche. Geschichte verpflichtet, erst recht, wenn sie einige Millionen Jahre alt ist. Der Kapfensteiner Kogel, ein erloschener Vulkan, ist für seine großartigen Olivinbomben bekannt. Diese gelten als „Boten aus großer Tiefe und Zeugen von dramatischen geologischen Ereignissen", heißt es in dem Buch „Aus der Tiefe der Vulkane" von Ingomar Fritz, Bernhard Jandl und Walter Postl. Georg Winkler-Hermaden hat den Blauen Zweigelt, den er 18 Monate in Fässern aus Kapfensteiner Eiche reifen lässt, nach diesen Gesteinsbomben benannt. Ende September 2014 fand eine Verkostung aller noch vorhandenen „Olivin"-Jahrgänge seit dem Start vor 25 Jahren statt. Da waren nicht wenige „Bomben" darunter …

Auf dramatische historische Ereignisse geht auch der Doppelname der Familie zurück. K. u. k. Feldmarschallleutnant Arthur Winkler, der Vater des Geologen, verteidigte im Ersten Weltkrieg die strategisch wichtige Ermada-Höhe über Triest gegen eine große italienische Übermacht. Dafür wurde er von Kaiser Karl geadelt und wählte die deutsche Version des Hügels – Hermada – als Namenszusatz.

Neben dem „Olivin" gibt es im Langen Keller auf halber Höhe des Kogels noch einiges andere Bemerkenswerte zu verkosten und mitzunehmen. Dort präsentieren auch immer wieder regionale Künstler ihre Werke. Und ein Mal im Jahr geben sich die STK-Winzer (Steirische Terroir- und Klassikweingüter) und Hunderte Weinliebhaber ein Stelldichein bei Verkostung, Fachsimpeln und anschließendem Fest auf dem Schloss. Hier wie bei anderen besonderen Anlässen – Jagdbuffet, Gans trifft Ente, Adventmenüs – spielt Küchenchef Martin seine Stärken aus: Regionalität in großer Vielfalt, Beibehaltung von Bewährtem, neue kreative Ansätze. Letztere, dem allgemeinen Trend folgend, mit einer zusätzlichen Linie von fleischlosen Gerichten nach verschiedenen Prinzipien, etwa vegan oder nach der Fünf-Elemente-Küche. Eine besonders

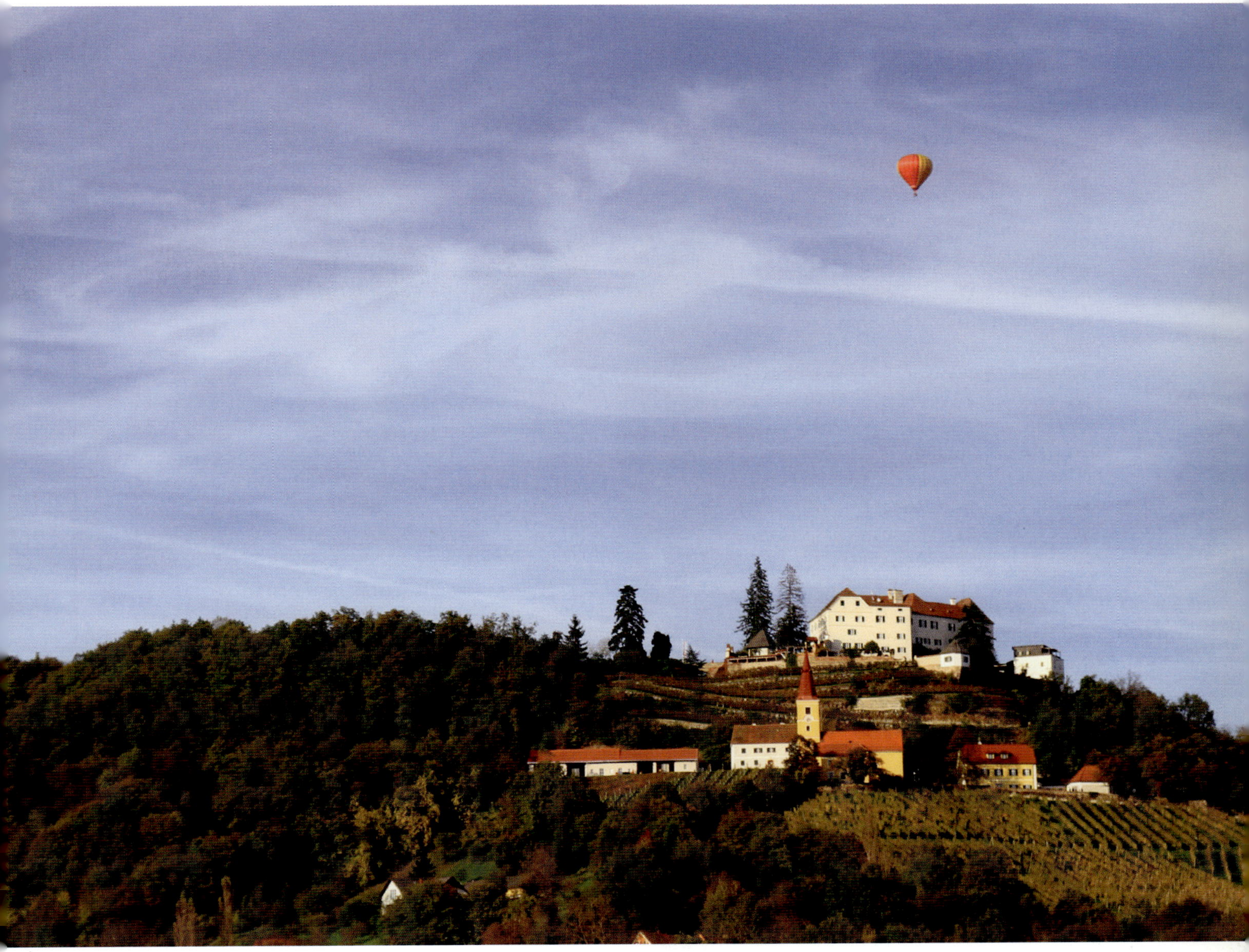

REZEPT *Schloss Kapfenstein*

Frühlings-Rollotto mit Wildkräutern

Für 4 Personen

- 160 g Rollgerste
- 1/2 Zwiebel, fein geschnitten
- 1/4 l Weißwein
- 1/2 l Gemüsefond, warm
- 250 g Sellerie, Gelbe Rübe und Karotte, kleinwürfelig geschnitten
- 2 Frühlingszwiebeln, fein geschnitten
- 4–6 EL gehackte Kräuter (Petersilie, Schnittlauch, Kresse, Bärlauch, Brennnessel, Vogelmiere)
- 1/16 l Obers
- 50 g Butter, kalt
- 4 EL Parmesan, gerieben
- Olivenöl
- Salz, Pfeffer aus der Mühle

1 Zwiebel anschwitzen, Rollgerste kurz mitrösten, mit Weißwein ablöschen und Gemüsewürfel dazugeben. Unter häufigem Rühren den warmen Gemüsefond nach und nach hinzufügen und alles bei schwacher Hitze bissfest garen. Dann Frühlingszwiebel und Obers unterrühren.

2 Das Rollotto mit Kräutern, Butter und Parmesan verfeinern, zum Schluss mit Salz und Pfeffer abschmecken.

RECHTS: *Liebevoll komponiert: Martin Winkler-Hermaden und seine „steirischen Tapas".*

RECHTS: *Gute Miene zum guten Wein: Josef Scharl.*

nette Idee sind die Tapas: ein Teller mit kleinen Variationen eines bestimmten Grundprodukts, beispielsweise Kürbis oder Lamm.

Unter den nichtalkoholischen Angeboten auf der Getränkekarte sticht der hausgemachte Quittensaft hervor, eine köstliche Rarität. Daneben verdient eine weitere Spezialität des Hauses besondere Erwähnung: der Picknick-Korb, entweder mit einer feinen kalten Jause oder mit Backhendl plus Salaten gefüllt. Die Gäste holen den Korb nach Vorbestellung im Schlossrestaurant ab und suchen sich einen der vorbereiteten Tische zwischen den Weingärten auf dem Plateau des Kogels aus. Idylle garantiert.

Von Kapfenstein südwärts verläuft eine der landschaftlich schönsten Routen der Südoststeiermark. An der rechten Seite zieht sich die Ostflanke des Stradener Kogels, der mit 609 Metern höchsten Erhebung der Südoststeiermark, entlang; zur Linken, hin zum Dreiländereck Österreich-Ungarn-Slowenien, wird das Land flacher. Dazwischen schlängelt sich die Straße hinauf nach St. Anna am Aigen, eine der Hochburgen des südoststeirischen Weinanbaus. Vor allem im Herbst ist der Blick auf die fächerförmigen Rieden am Stradener Kogel überwältigend. Der Ort selbst mit seiner schönen, markant gelegenen Kirche wird beim alljährlichen Weinfest „Terra Vulcania" zu einem einzigen großen Festplatz.

Nicht zufällig beherbergt St. Anna die → **Gesamtsteirische Vinothek,** die auf der Ostseite liegt, mit Blick nach Slowenien. Mehr als hundert Weine sind in architektonisch interessantem Rahmen zu verkosten, auch kommentiert (für Gruppen ab acht Personen auf Voranmeldung, samstags, ebenfalls auf Vereinbarung, mit einem Weinbauern der Region). Dabei kann man sich, entsprechend den persönlichen Vorlieben, einen guten Überblick verschaffen und die herausgefilterten Favoritenbetriebe hernach gezielt ansteuern. Wir wollen hier keine namentlichen Empfehlungen abgeben, weil praktisch jeder Produzent seine – natürlich sorten- und jahrgangsabhängigen – Stärken hat.

Das gilt auch für den → **Weinhof Scharl** in Plesch, den wir hier aber wegen der Buschenschank namentlich anführen. Ambiente wie Speiseangebot stellen eine besonders gelungene Synthese von Alt und Neu dar. Der moderne Zubau zum mustergültig renovierten alten Hof beherbergt Gasträume und Weinverkauf. Bei passendem Wetter sitzt man unter einer

RECHTS: *Im Wein liegt die Wahrheit – und einiges mehr: Aussichtsplattform am Sonnengesangsweg am Tieschener Königsberg*

riesigen Weinlaube mit Blick auf die Rieden des Stradener Kogels. Wenn das Essen kommt, setzt sich die Freude fort. Vorspeisenteller mit Chutneys, Aufstrichen und ein bisschen Fleischlichem stehen unter einem geschmacklichen Regenten, etwa Kren oder Kürbis – ein kleines, feines Themenmenü.

Von Hennen und Stuten

Oberhalb von Plesch zieht sich → **Frutten-Gießelsdorf** über die Ostseite des Stradener Kogels. Hier wird Anfang September das traditionelle Kellerstöcklfest „Der Weinberg ruft" begangen, im wahrsten Sinn des Wortes. Der Ort hat sich in den vergangenen Jahren richtig gemausert, wie man so sagt. Ältere Leute erinnern sich noch an die Zeit, als die Namen der beiden Dörfer in Verbindung mit den bescheidenen Verhältnissen der Bewohner Quelle gereimter Hänseleien waren, etwa der Art: „Zwisch'n Gießelsdorf und Fruatn gibt's a Henn – und de tuat bruatn." Oder: „Zwisch'n Gießelsdorf und Fruatn gibt's a Roß – und des is a Stuatn." Absolut nichts gegen Hennen und Stuten, aber heute wartet der Ort mit einigem mehr auf. Mit einer 40 Meter hohen Aussichtswarte beispielsweise, die einen herrlichen Rundblick bis nach Ungarn und Slowenien bietet, an klaren Tagen bis nach Kroatien. Der Weg dorthin führt an einer tausendjährigen Kastanie vorbei.

Unser nächster Anlaufpunkt liegt bei einem weiteren erloschenen Vulkan, dem Königsberg (462 m). Tieschen hat sich schon früh einen Namen als Weinort gemacht (siehe auch Kapitel „Wein"). Der Weinhof der → **Familie Platzer** liegt eigentlich im vorgelagerten Ort Pichla. Manfred Platzer, ich habe es schon kurz erwähnt, war einer der ersten Südoststeirer, die in der österreichischen „Wein-Champions League" mitspielten. Sohn Robert hat den Ball aufgenommen und setzt die Grundlinie des Hauses (das zu einem stattlichen Anwesen ausgebaut wurde) fort: klar, rein, fruchtig. Das tritt bei den weißen Burgundern besonders schön zutage. Zu meinen Favoriten zählt aber auch der Gewürztraminer, den man sonst eher selten findet und der, je nach Art des Ausbaus, Gänseleber, Käse oder Süßspeisen wie Mousse au chocolat sehr fein begleitet. Auf der Website des Hauses werden übrigens die einzelnen Lagen und die unterschiedlichen Böden besonders anschaulich dargestellt.

Direkt in Tieschen, am Fuß des Königsbergs, lädt die → **Familie Kolleritsch** in ihr Haus, das auch einen längeren Aufenthalt lohnt. Aus einer Buschenschank wurde das „Winzerhotel" mit äußerst geschmackvoll gestalteten Gästezimmern und einem Indoor- und Outdoor-Wellnessbereich. Auf kulinarischer Ebene gefallen mir besonders zwei Angebote: der „TAU-Brunch" (sonntags von 10 bis 14 Uhr) mit reichhaltigem Buffet und Weinen der zwölf → **TAU-Winzer,** zu denen Gerald Kolleritsch ebenso zählt wie Robert Platzer; und „Fisch am Tisch": jeden Freitagabend können Gäste Süßwasser- und Meeresfische selbst am Tisch grillen. Isabella Kolleritsch, gebürtige Ungarin und seit 13 Jahren in Tieschen, kümmert sich charmant um das Wohl der Gäste.

Wer von Tieschen nach Klöch will, muss links oder rechts um den Königsberg herum. Landschaftlich reizvoller ist die westliche Route, die mit dem Blick zu den Weingärten und Winzerhäusern des Klöchbergs auf das Kommende einstimmt. „Jetzt ist schon wieder was passiert": Die Standard-Einleitung in den Krimis von Wolf Haas fällt mir immer ein, wenn ich mich dem → **Gasthaus Palz** nähere. Dort passiert nämlich besuchermäßig immer sehr viel, außer am Ruhetag. Und das liegt in erster Linie an den Backhendln, für die „der Palz" berühmt ist. Die Überbleibsel und was damit geschieht haben Haas zum Roman „Der Knochenmann" inspiriert. Dass dies die Beliebtheit des Gasthauses irgendwie beeinträchtigt hätte, ist nicht zu erkennen. Eher scheint das Gegenteil der Fall. Jedenfalls zeichnet sich das Haus durch gleichbleibende Qualität aus. Als Alternative zum Backhuhn empfehlen wir die Hühnersuppe mit Gemüse und Bröselknödel, die es allerdings nur samstags gibt. Das hauseigene Weinsortiment, gefällig präsentiert im neuen Kostraum beim rebenumrankten Gastgarten, enthält natürlich auch den örtlichen Star, den Traminer.

UNTEN: *Mit dem Duft der Rose:
der Klöcher Traminer*

RECHTS: *Südliches Flair: Weinberg
am Klöcher Traminerweg.*

Wein und Stein

Der → **Klöcher Traminer** ist so etwas wie der Ur-Wein der Südoststeiermark. In früheren Zeiten handelte es sich meist um eine ziemlich süße Angelegenheit, für die das Prädikat „lieblich" noch untertrieben war. Dies spiegelte sich auch auf Etiketten wider, für die „Kitsch" ein Kompliment gewesen wäre. Aber das ist gottlob lange vorbei. Heute kann sich der „Wein mit dem Duft der Rose" mit den besten Vertretern seiner Sorte aus Südtirol, der deutschen Pfalz und dem französischen Elsass messen. Seine Würze mit dem besonderen, mineralischen Charakter bezieht er aus dem Basaltgestein, dessen Abbau ein bedeutender regionaler Wirtschaftsfaktor ist. Es macht schon einen eigenen Reiz aus, sich in einer der Buschenschanken oben auf dem Berg, etwa → **Gießauf-Nell** oder → **Wonisch,** zur gepflegten Jause einen Traminer zu Gemüte zu führen und den Blick auf den gegenüberliegenden Steinbruch zu richten. Wein und Stein – hier wird die spezielle Klöcher Beziehung einigermaßen drastisch illustriert.

Die Schönheit liegt bekanntlich im Auge des Betrachters. → **Schöne Aussichten** verheißen das gleichnamige Restaurant und Hotel wenige Schritte entfernt: Weingärten von der Terrasse weg gehen in bewaldete Hügel über, von Slowenien grüßen Dörfer mit ihren Kirchlein. Küchenchef Bernhard Klinger praktiziert „internationale Crossover-Küche mit Schwerpunkt auf heimischen Produkten". Auf der Weinkarte dominieren Gewächse des eigenen Hauses, wobei die Auswahl unterschiedlich ausgebauter Gewürztraminer hervorzuheben ist.

Ich komme indes noch einmal auf den lokalen Star zurück. Wie heißt es so schön auf der Homepage der Gemeinde Klöch: „Grundsätzlich kann man jeden Traminer zu jeder Speise trinken, die über eine gewisse Herzhaftigkeit verfügt." Dem ist grundsätzlich kaum etwas Herzhaftes entgegenzuhalten. ∎

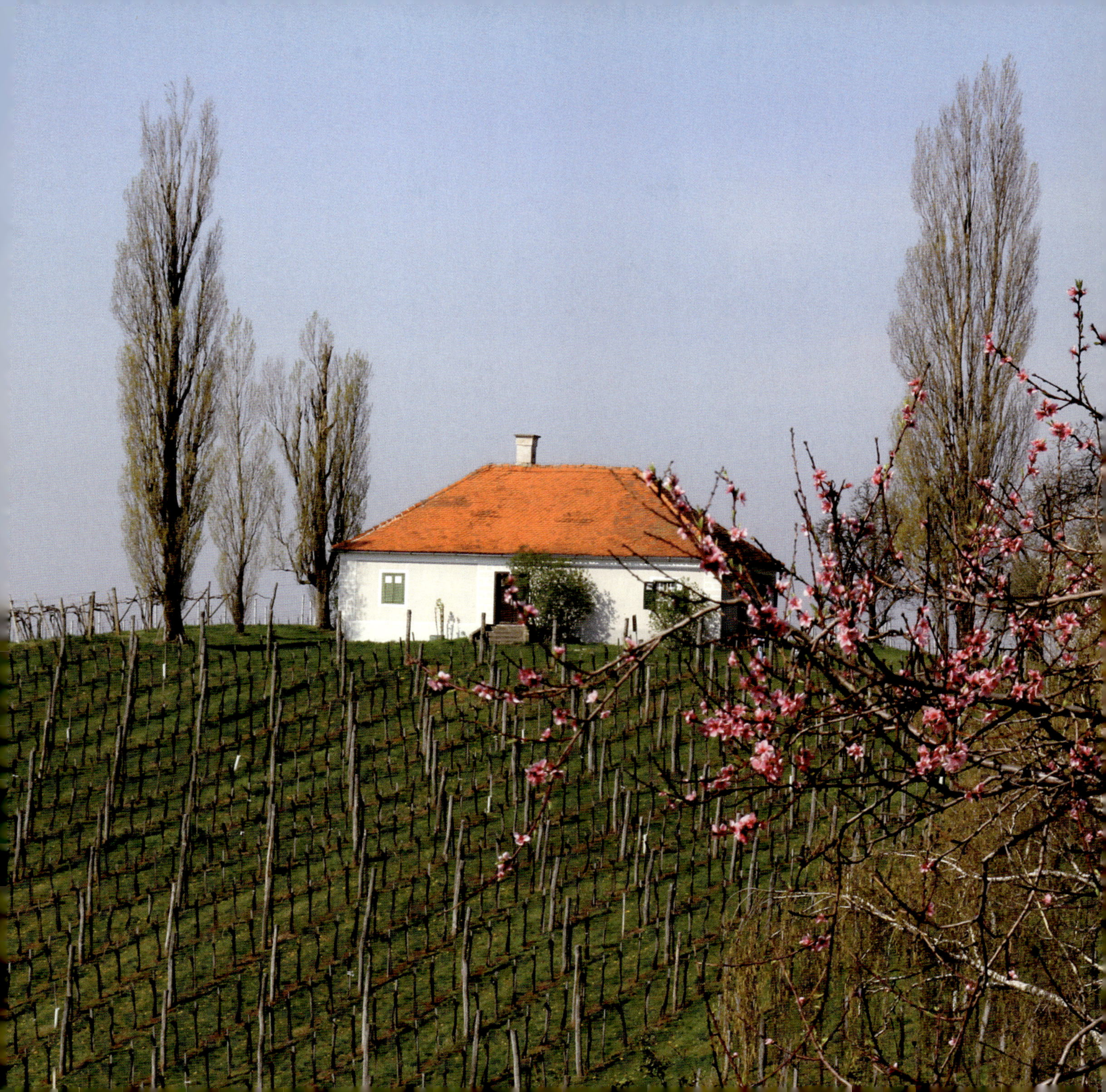

UNTEN: *Zentrum von Klöch mit der Burg, wo es immer wieder Theateraufführungen und Konzerte gibt.*

→ **Gerberhaus**
www.fehring.at/gerberhaus/

→ **Buschenschank Kuruzzenschenke**
Burgfeld 40, 8350 Fehring
Tel. +43 664 3829928
www.kuruzzenschenke.at

→ **Hans & Maria Reicher**
Mahrensdorf 5, 8350 Fehring
Tel. 03157/2446
hans@reicher-spargel.at
www.reicher-spargel.at
www.erdbeerpflanzen.at

→ **Gartenbau Wagner**
Gutendorf 36, 8353 Kapfenstein
Tel. 03157/2395
mail@gartenbauwagner.at
www.gartenbauwagner.at

→ **Schloss Kapfenstein**
Margot und Georg Winkler-Hermaden
8353 Kapfenstein 105
Tel. 03157/2322
weingut@winkler-hermaden.at
www.winkler-hermaden.at

→ **Gesamtsteirische Vinothek**
Marktstraße 6, 8354 St. Anna am Aigen
Tel. 03158/2801
wein@gesamtsteirische-vinothek.at
www.gesamtsteirische-vinothek.at

→ **Weinhof Scharl**
Plesch 1, 8354 St. Anna am Aigen
Tel. 03158/2314
weinhof-scharl@utanet.at
www.weinhof-scharl.at
Buschenschank, Gästezimmer

→ **Frutten-Gießelsdorf**
frutten-giesselsdorf.gv.at

→ **Tau-Winzer**
www.tauwein.at

→ **Weinhof Platzer**
Pichla 25, 8355 Tieschen
Mobil: +43 664 3969474
platzer@weinhof-platzer.at
www.weinhof-platzer.at

TOUR 4: DER KLASSISCHE OSTEN

Adressen

→ **Winzerhotel Kolleritsch**
8355 Tieschen 5
Tel. 03475/2305
office@kolleritsch.com
www.kolleritsch.com

→ **Gasthof-Weingut Palz**
Klöchberg 45, 8493 Klöch
Tel. 03475/2311
palz.kloech@aon.at
www.gasthof-palz.at

→ **Klöcher Traminer**
www.kloecher-traminer.at

→ **Weingut Buschenschank Gießauf-Nell**
8493 Klöch 66
Tel. 03475/7265
giessauf-nell@aon.at
www.giessauf-nell.at

→ **Weinbau-Buschenschank Wonisch**
8493 Klöch 65
Tel. 03475/2347
wonisch-weine@aon.at
www.weinbau-wonisch.at

→ **Hotel-Restaurant Schöne Aussichten**
Gruisla 10, 8493 Klöch
Tel. 03475/7545
Mobil: +43 664 2550061
info@schoeneaussichten.at
www.schoeneaussichten.at

*Weiters möchte ich auf
dieser Route empfehlen:*

→ **Weinhof Ulrich**
Rupert & Karin Ulrich
Plesch 26, 8354 St. Anna/Aigen
Tel. 03158/2290
wein@weinhof-ulrich.at
www.weinhof-ulrich.at

→ **Biogemüse Pranger**
Jammberg 54, 8354 St. Anna am Aigen
Tel. 03158/29042
Mobil: +43 664 1031952
office@prangerbiogemuese.at
www.prangerbiogemuese.at
Ab Hof-Verkauf

→ **Pizzeria , Dorfcafé Fortmüller**
Jamm 22, 8354 St. Anna am Aigen
Tel. 03158/2305
Mobil: +43 664 1814490
fortmueller@direkt.at
www.fortmueller.com

→ **Weinbauernhof Klöckl**
Gruisla 7, 8493 Klöch
Tel. 03475/2342
weinbau-kloeckl@aon.at
www.steirer-weine.at
Winzerzimmer

→ **Weingut Domittner,
Restaurant Klöcherhof**
8493 Klöch 102
Mobil: +43 664 4055755
domittner@aon.at
www.kloecherhof.at
Gästezimmer

→ **Buschenschank Frühwirt**
D. Haseldorf
8493 Klöch
Tel. 03475/2338
weingut@fruehwirth.at
www.fruehwirth.at

FÜR LEIB & SEELE – TOUR 5

Die pralle Mitte

Die Vulkanland-Wanderkarte gliedert, wie schon erwähnt, die Region nach den Umrissen eines menschlichen Körpers auf. Damit soll das Ganze mit jedem seiner unentbehrlichen Bestandteile unterstrichen werden. Darüber aber gibt es noch das „spirituelle Dach". Ob Zufall oder nicht – direkt unter diesem spirituellen Dach ist die Gemeinde Auersbach angesiedelt. Hier wurde die Vulkanland-Idee ausgebrütet, hier reift der Vulcano-Schinken (siehe Kapitel „Die Sache mit dem Schwein"). Und hier wird weiter spirituell gearbeitet. An neuen Ideen für die Regionalstrategie, natürlich. Aber auch an anderen hochgeistigen Produkten.

Sie nennen sich Lava Brisky und Lava Woazky, der eine ein Single Malt, der andere ein Mais-Whisky. In der Fachwelt haben sie Aufsehen erregt, die internationalen Auszeichnungen häufen sich. Kenner schätzen den milden, vollen Geschmack. Das Geheimnis liegt in den ausgesuchten Grundprodukten, in der Produktionsweise und in den kleinen Mengen. Vom Single Malt werden nur 2002 Flaschen in Jahr gebrannt – eine Anspielung an das Jahr 2002, als die → **Lava-Braumanufaktur** ihren Betrieb aufnahm, zunächst mit der Bierproduktion. Das Bier wird seit 2004 auf rein biologischer Basis gebraut, die Whiskys werden seit 2007 nach den gleichen Grundsätzen gebrannt. Und zwar in einem ganz besonderen Verfahren: im Vakuum bei nicht mehr als 45 Grad. „Es ist quasi ein Rohkost-Whisky", sagt Roman Schmid, geschäftsführender Gesellschafter, schmunzelnd. Als erster Betrieb in Kontinentaleuropa habe Lava diese Methode gewählt.

Die gesamte Bier- und Whisky-Produktion verläuft nach dem Prinzip optimierter Nachhaltigkeit, mit Strom, der in der Region erzeugt wird, und Wärmerückgewinnung. Ein Großteil der Grundprodukte kommt aus dem oberösterreichischen Mühlviertel, der größten zusammenhängenden Bioregion Österreichs, mit dem das Vulkanland seit drei Jahren kooperiert. Zu den Lieferanten zählen kleine Hopfen- und Malzgemeinschaften. Klein ist überhaupt ein Schlüsselwort des ganzen Unternehmens. „Was in ein paar Minuten in der Brauerei Puntigam herausrinnt, die eh nur ein

TOUR 5: DIE PRALLE MITTE

Zwerg im Heineken-Konzern ist, produzieren wir in einem ganzen Jahr", sagt Schmid. Groß ist dagegen die Vielfalt. „Wir brauen vierzehn Sorten, und wir können praktisch alles, was extrahierbar ist, im Bier verarbeiten. Wir haben beispielsweise schon Kürbisbier und Rosenbier gebraut." Und so können sich Kunden mit dem Lava-Braumeister ihr ganz persönliches Bier komponieren – womit der „Mundl"-Spruch „Mei Bier is net deppat" eine vollkommen neue Bedeutung erhält.

Spirituelle Anregungen anderer Art können sich Besucher der Sternwarte auf dem Rosenberg (ja, auch hier gibt's einen) oberhalb von Auersbach holen. In klarer, trockener Nacht ist ein Blick ins All stets überwältigend – jener von der Terrasse der Heurigenschenke → **Zum Sterngucker** über das Auersbachtal zu den Gleichenberger Kogeln aber auch nicht ohne. Hier gibt's bodenständige Gerichte wie den Frühstückstommerl (zum warmen Brüstl mit Apfelkren) oder eine fein gewürzte Erdäpfelwurst.

LINKS: *Keine Massenprodukte: Mais- und Gerstenwhisky à la Auersbach.*

OBEN: *Die Sternwarte auf dem Auersbacher Rosenberg.*

Eine Institution

Auf einem der nächsten Hügel verkörpert das → **Schloss Kornberg** der Familie Bardeau eine gelungene Symbiose von Kultur und Gastronomie, und das schon ziemlich lange. Die Teppichausstellung in einem Flügel des Schlosses (von März bis Oktober), Europas größte und schon eine Institution, ist unter anderem deshalb bemerkenswert, weil das Haus Rohani sich dem Fairtrade-Prinzip verpflichtet fühlt. Auch in der Meierei am Fuß des Schlossbergs gibt es immer wieder Ausstellungen (etwa der Vulkanland-Tischler) und kulinarische Präsentationen. Ein ehemaliges Wirtschaftsgebäude direkt vor dem Schloss beherbergt im Obergeschoß das regionale Bildungszentrum. Im darunterliegenden Rittersaal geht es deftiger zu. Da wird zu bestimmten Terminen oder auf Bestellung das Rittermahl aufgetragen, von „Mägden und Knechten": Fleisch auf dem Spieß flambiert, dazu Bier und Wein aus irdenen Krügen und, je nach Termin, Darbietungen von Gauklern.

Im eigentlichen Schlossrestaurant gaukelt Patron Raimund Pammer allerdings nichts vor, wenn er zeigt, was man auch ohne Fleisch auf den Teller zaubern kann. Zwei Beispiele für besonders stimmige Gerichte: Tomatenconsommé mit Basilikumprofiteroles und Tomatenconfit; Kürbisstrudel mit gebratenen Pilzen, dreierlei Karotten, Erdäpfeln und Kräuter- und Sauerampferdip.

Halten wir kurz inne für ein paar generelle Anmerkungen. Nicht von ungefähr nennen wir unsere abschließende Tour „Die pralle Mitte". Wenn eingangs von der Südoststeiermark als einer der kulinarisch reichhaltigsten und vielfältigsten Gegenden Mitteleuropas die Rede war, dann gilt dies in konzentrierter Form für ihre zentrale Region. Auf einem nur rund 10 Kilometer breiten und 20 Kilometer langen Streifen von der neuen Großgemeinde Feldbach bis zum Raum Straden im Süden sind Gaststätten der unterschiedlichsten Kategorien, Weingüter, Hausmanufakturen, Hofläden und andere Erzeugerbetriebe in enormer Dichte und Qualität versammelt.

links: *Symbiose von Kultur und Kulinarik: Schloss Kornberg.*

unten: *Seit 1. Jänner 2015 Zentrum einer Großgemeinde: Feldbach mit seinem markanten Kirchturm.*

Wer sich da durchkosten will, braucht Zeit – und eine gute Konstitution. Da sich diese überschaubare Region aber auch schön erwandern oder beradeln lässt, ist für körperlichen Ausgleich gesorgt. Und um es zu wiederholen: die Auswahl, die wir angesichts der Dichte des Angebots treffen müssen, bedeutet kein Urteil über die Betriebe, auf die wir im Text nicht näher eingehen. Sie sind im Anhang angeführt, der aber wiederum keinen Anspruch auf Vollständigkeit erhebt. Dem persönlichen Entdeckerdrang sind kaum Grenzen gesetzt.

Von Kornberg nach Feldbach nehmen wir einen kleinen Umweg. Die → __Familie Weber__ in Schützing ist für ihre Edelbrände bekannt, und da wiederum für die seltene Weißzwetschke. In Raabau haben sich Wilma und Karl Kaufmann auf die Verarbeitung von biologisch gezüchteten Beeren – vor allem der vitamin- und mineralstoffreichen Aronia – und Rosen spezialisiert. Säfte, Marmeladen, Rosen- und Kräuterzucker und vieles mehr findet sich in ihrem sympathischen Hofladen → __Raabauer Eisvogel__. Der → __Milchhof Krenn__, ebenfalls in Raabau, lädt Besucher in seine Schaumolkerei. Zu den Spezialitäten zählt der „Hexenkäse", ein Frischmilchkäse mit Steinklee, auch „Hexenkraut" genannt.

Beim Feldbacher Bahnhof überqueren wir die Raab, die dort zu einem kleinen Erholungsraum mit Stegen und Bänken „modelliert" wurde. Der Feldbacher Kirchturm feierte im Herbst 2014 seinen 50. Geburtstag. Die 72 Meter hohe Betonkonstruktion, die ein bisschen an eine Raketenabschussrampe erinnert, wurde 1964 fertiggestellt, als Ersatz für den am letzten Kriegstag, dem 8. Mai 1945, von den Nazis gesprengten Kirchturm – der Raum Feldbach war Frontgebiet. Seine Bemalung erhielt der Turm 1987. Zwanzig Jugendliche der Pfarre pinselten nach Entwurf und

UNTEN: *Kräuterspezialistin Andrea Bregar und ihr „Knecht" Martin.*

RECHTS: *Der Reiz der Nebenstraßen: eine Walddurchfahrt nahe der Huabn.*

Anleitung des Malers Gustav Troger 2000 Farbfelder auf die Flanken. Nahe beim Kirchturm stehen die Reste des alten → **Tabors.** Sie wurden zu einem Museum umgestaltet, das immer wieder bemerkenswerte Ausstellungen zeigt, zuletzt aus Anlass des Beginns des Ersten Weltkrieges vor 100 Jahren. Während des Krieges entstand in Feldbach ein großes Lager für russische Kriegsgefangene.

Auf die Konkurrenz durch Einkaufszentren am Stadtrand haben Feldbacher Geschäftsleute und Gastronomen mit zahlreichen Aktivitäten reagiert, die sich meist rund um den Hauptplatz mit der barocken Mariensäule abspielen. Die lokalen Wirte präsentieren sich, beispielsweise, beim Gulaschfest im Rahmen des kulinarischen Herbstes. Ganz allgemein zeigt das rege Treiben im Zentrum, dass die Stadt auch von den jungen Leuten angenommen wird. Mitunter recht intensiv: der Brunnen inmitten des zentralen Kreisverkehrs soll, so wird berichtet, wegen seines Wasservorhangs schon als Autowaschstraße zweckentfremdet worden sein.

Wir verlassen Feldbach auf der Gleichenberger Bundesstraße. In Mühldorf lohnt es sich, bei → **Danis Hofladen** (frisches Gemüse, Bauernbrot, Wurst- und Fleischwaren etc.) und in der → **Ölmühle Kirchengast** vorbeizuschauen. Die Namensgleichheit mit dem Autor ist kein Zufall. Sollte hier der Verdacht der Vetternwirtschaft aufkommen, kann ich nur auf die bis nach Wien reichende Fangemeinde des Kernöls meines Cousins verweisen.

Auf dem Taxberg zweigt links eine Straße zur → **Klause** ab. Das Gesundheitsgut des Feldbacher Neurologen Dolf Dominik in einem mustergültig revitalisierten Bauernhof ist eine Kombination aus Behandlungs-, Erholungszentrum und biodynamisch betriebener Landwirtschaft. Gleich in der Nähe kann man auf unserer → **Huabn** mit diversen Angeboten und nach persönlicher Vereinbarung Kraft tanken und „kulinarisch und geistreich faulenzen".

Meine Frau und ich stärken uns nicht selten an den Backhendln des → **Kulmberghofes** im nahen Gossendorf, die für uns und viele andere zu den besten weit und breit gehören. Auch das übrige, regional und saisonal bestimmte Angebot dieses freundlichen Familienbetriebes hat hohes Niveau. Besonders zu erwähnen sind die Desserts, und hier wiederum die geradezu sensationellen Linzerradln (Vorbestellung meist erforderlich). Unter den Weinen sind jene von → **Neuherz** im nahegelegenen Edersgraben – noch – ein Geheimtipp.

Ein paar Kilometer weiter macht Andrea Bregar auf ihrem wunderschön gelegenen → **Kräuterhügel** Seminare und Kurse zur Verarbeitung und Anwendung von Kräutern, Seifensieden eingeschlossen. Die Nachfrage sei so groß, dass sie die räumlichen Verhältnisse des umgebauten alten Hofes oft schon übersteigt, erzählt sie mir. Ehemann Martin, beruflich als Geologe auswärts tätig, ist in der Freizeit als „Knecht" unentbehrlich, wie Andrea augenzwinkernd und unter heftigem Nicken des Gemahls bekräftigt. Dass sie vor einigen Jahren aus der Obersteiermark hierher gezogen sind, bereuen sie nicht. Und ihre drei Buben fühlen sich sichtlich ebenso wohl, mitten im Grünen.

OBEN: *Neuer Treffpunkt für Genießer: die Delikaterie in Bad Gleichenberg.*

RECHTS: *Kreative Partnerschaft: Christina Luger und Thomas Rauch in ihrer Lounge 81.*

Essen auf dem Hochsitz

Auf verschlungenen Wegen, vorbei am Gasthaus → **Zum Bauernhansl** (gute Hausmannskost, große Terrasse, schöne Aussicht), fahren wir über den Steinriegel zunächst ins Tal, um gleich wieder die nächste Steigung zu nehmen: zur → **Lounge 81** in Steinbach. Dieses bemerkenswerte Ergebnis einer kreativen Partnerschaft wartet mit mutiger Architektur, traumhaftem 360-Grad-Panorama und hervorragender Küche auf. Vielleicht war es Christina Lugers Zivilberuf als Flugbegleiterin, der zur luftigen Konstruktion inspiriert hat. Man fühlt sich wie auf einem Hochsitz. Leicht und anregend sind auch die Gerichte, die Christina unter aller Augen im einzigen Gastraum (plus Terrasse) anfertigt, während Thomas Rauch von der künstlerischen in die dienende Rolle geschlüpft ist und serviert. Die teils riesigen Holzskulpturen des Bildhauers sind draußen zu bestaunen. Geöffnet hat die Lounge 81 von Samstag bis Montag, Vorbestellung wird dringend empfohlen.

Über → **Bad Gleichenberg** und den gastronomischen Aufschwung, den der traditionsreiche Kurort in jüngster Zeit nimmt, haben wir schon im Kapitel „Dschungel-Express ins Heilbad" geschrieben. Unter den Beherbergungsbetrieben stechen vor allem der → **Gleichenberger Hof** mit seiner familiären Atmosphäre, einer ausgezeichneten Küche und einem äußerst gediegenen Wellnessbereich sowie das → **Schlössl Hotel Kindl** mit seinem besonderen Ambiente und der romantischen Lage am Ende der Schlucht hervor.

Eine weitere Bereicherung stellt der → **Vulkanland-Markt** auf dem neu gestalteten Hauptplatz bei der bereits erwähnten → **Delikaterie** (Kapitel „Dschungel-Express") dar. Der → **Bauernmarkt** bleibt zumindest vorerst auf dem Parkplatz gegenüber der Diskothek Oasis. Wir schätzen ihn besonders wegen

REZEPT *Lounge 81*

Filetsteak vom Almochsen mit Eierschwammerl, Herbsttrompeten und Petersilerdäpfelpüree

Für 4 Personen

- 4 Almochsenfiletsteaks (je 220 g)
- 1 Bund Jungzwiebel
- 250 g Eierschwammerl
- 100 g frische Herbsttrompeten
- 250 g mehlige Erdäpfel
- 200 g Petersilwurzel
- 2 Bund Petersilie
- 120 g Butter
- 75 ml Kokosmilch oder Schlagobers
- Salz, Pfeffer
- Muskat, Olivenöl
- frischer Thymian, 1 rote Zwiebel

1 Erdäpfel und Petersilwurzel schälen, würfeln und in Salzwasser ca. 20 Minuten weich kochen. Anschließend abgießen und ausdampfen lassen. Fein zerstampfen. 2 EL Butter schmelzen lassen und mit dem geschnittenen Petersil fein pürieren. Mit Kokosmilch oder Schlagobers verrühren und unter das Püree ziehen, bis es eine schöne grüne Farbe hat. Mit Salz und Muskat abschmecken.

2 Den Ofen auf 120 °C Unter- und Oberhitze vorheizen. Die Steaks von beiden Seiten im heißen Öl in einer Pfanne anbraten (ca. 3 bis 4 Minuten), herausheben. Pfanne mit Bratensaft beiseite stellen. Steaks mit einer Butterflocke belegen und im Ofen ca. 10 Minuten (je nach Fleischdicke und gewünschtem Gargrad) fertiggaren.

3 Eierschwammerl mit Olivenöl kurz in der Pfanne anbraten. Mit Salz, Pfeffer und frischem Thymian würzen.

4 Die klein geschnittenen Herbstrompeten in der Steakpfanne mit dem Bratensaft anbraten, die in Ringe geschnittene rote Zwiebel dazugeben und anschwitzen.

5 Püree in der Mitte des Tellers anrichten, Steak daraufsetzen, Jungzwiebel in dünne Ringe schneiden und mit den übrigen Beilagen auf und um das Steak geben.

des ausgezeichneten Brotes der Famlie Hütter (Hütter's Bauernschmankerl) und der Breinwürste einer weiteren Familie Hütter (Hütter Pute und Huhn vom Feinsten), die für uns zu den besten zählen. Zu jeder Jahreszeit findet man auf dem Markt einen Querschnitt dessen, was das Umland bereithält, von Gemüse über Fleisch- und Selchwaren, Käse, Eingelegtes, Fruchtsäfte, Wein, Schnaps bis zu hausgemachten Mehlspeisen. Und Zeit für ein Schwätzchen über Wetter und Ernte ist immer.

Vorbei am → **Styrassic Park** und an Buschenschank/Weingut → **Leitgeb** steuern wir den ersten kulinarischen Höhepunkt der Tour an. Der → **Steira Wirt** in Trautmannsdorf, eine Gemeinschaftsproduktion des Geschwisterpaares Richard und Sonja Rauch aus der alteingesessenen Gastronomenfamilie des Ortes, hat sich österreichweit als Spitzenlokal etabliert. Uns haben die drei Hauben für Richard Rauch kaum überrascht, denn wir kannten und schätzten – wie viele andere auch – das kreative Potenzial des jungen Künstlers von Anfang an: seine Verwurzelung in der Region, seinen respektvollen und zugleich spielerischen Umgang mit ihren guten, charakterstarken Produkten. Wer sich mit Richard Rauch (nicht nur) über Essen und Trinken unterhalten hat, darf begründet hoffen, dass dieser Mann bei all seinen kreativen

LINKS: *Richard Rauch, „Koch des Jahres 2015", und Schwester Sonja haben den Steira Wirt in Trautmannsdorf zu einer Gourmetadresse auf solidem regionalem Fundament ausgebaut.*

UNTEN: *Ein Landgasthaus wie aus dem Bilderbuch: der Binderhansl bei Gnas.*

Höhenflügen auf dem Boden bleibt – auch, nachdem er von Gault-Millau zum „Koch des Jahres 2015" gekürt wurde.

Daraus resultieren fast logisch zwei Küchenlinien, die für uns absolut gleichberechtigt nebeneinander laufen: die Wirtshaus- und die Gourmetküche, beide auf ihre Art virtuos. Wer die Gourmetküche wählt, bekommt ein Überraschungsmenü, eine Abenteuerreise ins Reich des Geschmacks, bei der das spielerische Element einigermaßen ausgereizt wird. Wer aufs Wirtshaus setzt, bekommt scheinbar Vertrautes in Perfektion und verblüffend stimmigen Abwandlungen. Das Spielerische kommt auch hier nicht zu kurz, und sei es dann, wenn sich „Steirische Jakobsmuscheln" als Stierhoden entpuppen.

Richard Rauch schätzt die typischen Landgasthäuser seiner Heimat und bedauert, dass es nicht mehr so viele sind wie früher. Nicht weit weg, beim → **Binderhansl,** hält man diese Fahne hoch. Das Wirtshaus, das bereits in fünfter Generation als Familienbetrieb geführt wird, liegt auf einer Hügelkuppe an der Straße von Katzendorf nach Gnas. Im Sommer sitzt man im schönen Gastgarten unter Kastanienbäumen, mit Blick auf die Hügellandschaft. Aus der Küche von Bernhard Hödl kommt der berühmte Heidentommerl mit Schwammerlsuppe, ein südoststeirisches Traditionsgericht, das selten geworden ist und heute, nebenbei bemerkt, alle veganen Kriterien erfüllt. Daneben will ich festhalten, dass ich noch selten ein so gutes Pariser Schnitzel gegessen habe.

Über Gnas, die scherzhaft so genannte „Freie Republik", mit den selbstbewussten Bürgern, fahren wir weiter in Richtung Süden. Wie viele andere Ortsnamen der Südoststeiermark ist „Gnas" ebenfalls slawischen Ursprungs und soll so viel wie „Dem Fürsten

REZEPT *Richard Rauch*

Kürbistascherl mit Safran-Kürbisfond und Kürbisblüten

Für 4 Personen

→ **Kürbistascherl:**
400 g Kürbis (Langer von Neapel)
Salz, Zucker, Cayennepfeffer
Zitronenthymian
100 g Schalotten
50 g Mango
1 Limette
2 EL Olivenöl

→ **Kürbisblüten:**
12 Kürbisblüten
2 EL Gemüsefond
1 EL Butter
1 kleiner Zweig Estragon
Salz

1 Den Kürbis schälen und in dünne Scheiben (16 Stk.) schneiden, den Rest in 1 cm große Würfel. Die Würfel mit Salz und Zucker marinieren, Zitronenthymian darüberlegen, in Alufolie einschlagen und bei 160 °C Umluft für 30 Minuten auf mittlerer Höhe ins Rohr schieben.
Danach herausnehmen und in der Folie auskühlen lassen.

Den weich geschmorten Kürbis mit einer Gabel zerstampfen, Schalotten und Mango schälen und in feine Würfel schneiden.

Olivenöl in einer Pfanne erhitzen, Schalotten dazugeben, kurz durchschwenken, den gestampften Kürbis beigeben, kräftig durchrühren und mit Salz und Cayennepfeffer abschmecken.

Einen Schuss Limettensaft dazugeben und die Mangowürfel unterheben.

Die Kürbisscheiben in 3 x 8 cm große Rechtecke schneiden, leicht ansalzen.

Zwei Kürbisscheiben überkreuzt übereinander legen, in die Mitte einen Esslöffel Kürbisfülle und dann zu einer Tasche einschlagen. Mit Olivenöl bepinseln und bei 60 °C für 10 Minuten warmstellen.

2 Die Kürbisblüten vorsichtig öffnen und mit einer Pinzette den Blütenstempel entfernen.

Den Gemüsefond und die Butter erhitzen, den Estragon dazugeben und die Kürbisblüten darin einlegen und 1–2 Minuten glacieren.

Safran-Kürbisfond:
400 g Kürbis
1 TL Kardamom ganz
15 Fäden Safran
1 EL fein geriebener Ingwer
30 ml Yuzusaft
30 ml Passionsfruchtsaft
Salz
Cayennepfeffer
60 ml Ananassaft
Zitronenöl

Kürbiskernölmalto:
45 ml Kürbiskernöl
25 g Malto
1 Prise Salz

3 Kürbis schälen und entsaften, sodass 250 ml Kürbissaft entsteht.

Gewürze hinzugeben, kochen und auf 200 ml reduzieren.

Die Gewürze abseihen, die Fruchtsäfte einrühren und eventuell leicht binden.

Vor dem Servieren mit wenigen Tropfen Zitronenöl parfumieren.

4 Kürbiskernöl mit Malto und Salz in einer Schüssel verkneten, in einer beschichteten Pfanne langsam warm rösten, sodass lauter kleine Kügelchen entstehen.

Durch das Erhitzen kommt der Geschmack des Kernöls noch besser zur Geltung.

5 Anrichten:
Die Kürbistascherl auf einem Teller verteilen, mit Kürbis-Safranfond umgießen, 2 Kürbisblüten dazusetzen und mit gehackten Kürbiskernen und Zitronenverbene bestreuen.

Das Gericht mit einem Esslöffel Kürbiskernmalto vollenden.

gehörend" bedeuten (Fürst auf Kroatisch: *knez*) – was die „Freie Republik" in ein etwas anderes Licht rückt. In Raning bei Gnas habe ich Ende August 2014 das Kürbisfest besucht und hoffe sehr, dass es eine Fortsetzung gibt. Unter der Regie von Elfriede Weinzettl, gelernte Köchin und Frau des Bürgermeisters, bereiteten rund fünfzehn Frauen des Ortes köstliche Gerichte vom Ölkürbis zu, neben dem klassischen Kürbisgemüse etwa eine Kürbislasagne und Fisch in Kürbispanier. Dutzende Menschen arbeiten tagelang unentgeltlich am Gelingen eines solchen Festes, und man versteht, dass es bei aller Freude über die vielen dankbaren Besucher irgendwann einmal zu viel werden kann. Aber mit dem Verschwinden solcher Traditionen würde ein auch sozial enorm wichtiges Stück ländlicher Kultur verloren gehen.

LINKS: *Ergebnis tagelanger Vorbereitungen von Dutzenden Freiwilligen: das Kürbisfest in Raning bei Gnas.*

RECHTS: *Gute Idee konsequent umgesetzt: Johann Unger, „der Urlmüller".*

In Nägelsdorf erreichen wir den südlichsten Punkt unserer Tour. → **Weinhof und Buschenschank Dunkl** sind in jeder Hinsicht ein Schmuckstück: mit der idyllischen Lage am Waldrand, umgeben von Weingärten; mit der behutsam abgewandelten traditionellen Architektur des Neubaus; mit dem gemütlich-pfiffigen Ambiente drinnen wie im großen Gastgarten. Dass Wein und Jause diesem Niveau entsprechen, muss da nicht mehr betont werden. Oder doch: besonders zugesagt hat mir der Grauburgunder mit seinem typischen Farbton und einer dezenten Patina.

Vorbei am → **Buschenschank Monschein** und an → **Urlmüllers** Paradeiser-Wollschwein-Manufaktur (siehe Kapitel „Das kleine Glück" und „Die Sache mit dem Schwein") peilen wir Straden an, den Ort, an den ich zuerst denke, wenn ich die Südoststeiermark ein „Land für Leib und Seele" nenne. Dass Straden schon seit Jahrhunderten ein Platz von besonderer Kraft und Ausstrahlung ist, davon zeugen die vier Kirchen auf seinem „Himmelsberg". Weil eine davon aus der Ober- und der Unterkirche besteht, gibt es nur drei Türme. Die zeigen sich aus jeder Richtung, bei jedem Wetter und zu jeder Tageszeit in einem anderen Licht. Etwas Mystisches schwingt immer mit.

Dass Straden zum Synonym für südoststeirische Spitzenkulinarik wurde und befruchtend auf die ganze Region wirkte, ist zum Großteil das Verdienst der Familie Neumeister. Anna und Albert Neumeister waren unter den allerersten, die kompromisslos auf Qualität setzten, beim Wein und in der Gastronomie. Das galt schon in der Zeit, als die → **Saziani Stub'n** noch eine Buschenschank war, wo wir besonders stimmungsvolle Familienfeste feierten. Heute wird das Weingut von den Söhnen Christoph und Matthias geführt. Die Eltern konzentrieren sich auf das Restaurant. Unter ihrer Förderung und Begleitung ist mit dem erst 23-jährigen Harald Irka ein Kochkünstler herangewachsen, der Fachwelt und Genießer zu hymnischen Elogen veranlasst. Allein was der junge Dreihauben-Star mit Gemüse und Kräutern anstellt, ist eine Offenbarung. Und das Schöne: man kann zwischen den beiden Menü-Linien „Grün" (ohne Fleisch, aber mit Fisch) und „Erdig" hin- und herhüpfen, sozusagen hinausgrasen. Hier nur zwei Beispiele für Gerichte, die in ihrer scheinbaren Einfachheit schlicht genial sind: Geröstete Schwarzwurzel mit Gartenkresse, Pistazienöl und Tapioka mit Bergamotte beziehungsweise sautiertes und glasiertes Bries vom Milchkalb unter getrockneter Milchhaut an einer Sauce aus Liebstöckel, jungem Spinat und Vogelmiere.

Es spricht zusätzlich für die Neumeisters, dass sie Engagement und Kreativität nicht auf das eigene Haus

REZEPT *Restaurant Saziani Stub'n*

Abate-Fetel-Birne Zitronenthymian . Kamille

Für 4 Personen

Birnen-Zylinder:
1–2 große, vollreife Abate-Fetel-Birnen (geschält)
20 g Staubzucker
10 g Verjus

1 Die Birnen mithilfe einer Aufschnittmaschine dünn aufschneiden (1 mm) und in 3 x 10 cm große Streifen schneiden. Zusammen mit Staubzucker und Verjus vakuumieren und eine Stunde im Kühlschrank aufbewahren. Danach mithilfe eines Metallstabes zu Zylindern formen.

Birnen-Püree:

2 Birnenabschnitte vom vorherigen Arbeitsschritt ohne Kerne in einem Topf erhitzen und weich kochen. Anschließend pürieren und passieren.

Birnen-Gelee:
160 g Birnen-Püree
1 TL Agar Agar
1 Blatt Gelatine (eingeweicht)
100 g Verjus

3 Das Birnen-Püree zusammen mit Agar Agar 3 Minuten sprudelnd kochen. Die eingeweichte Gelatine ausdrücken und mit dem Püree verrühren. Im Kühlschrank fest werden lassen. Danach Scheiben von 1 cm Durchmesser ausstechen und in Verjus aufbewahren.

Kamillen-Krem:
100 g weiße Schokolade
100 g Obers (32 % Fett)
20 g Kamillenblüten (getrocknet)
1 Blatt Gelatine (eingeweicht)
1 Eidotter

4 Obers auf 90 °C erhitzen. Die getrockneten Kamillenblüten zufügen und 5 Minuten ziehen lassen. Die noch heiße Kamillenmilch mit der weißen Schokolade vermengen. Die ausgedrückte Gelatine und den Eidotter zufügen und zu einer cremigen Emulsion verrühren. In eine Spritzflasche füllen und bis zum Servieren gekühlt aufbewahren.

Gelierter Kamillen-Schaum:
50 g Birnenmost
50 g Wasser
10 g Kamillenblüten (getrocknet)
10 g Zitronensaft
2 Blatt Gelatine (eingeweicht)

5 Alle Zutaten zusammen erhitzen. Durch ein feines Sieb gießen und in eine mit Eis gekühlte Rührschüssel füllen. Mit einem Handrührgerät zu einem dichten Schaum aufschlagen. Wenn der Kamillen-Schaum zu stocken beginnt, in ein Plastikgefäß füllen. Im Kühlschrank aufbewahren.

LINKE SEITE: *Trio kreativ: Anna und Albert Neumeister mit Jungstar Harald Irka.*

OBEN: *Eine Art kulinarisches Flagship-Store des Vulkanlandes: die Greißlerei De Merin in Straden.*

→ **Zitronenthymian-Öl:**
(lässt sich leichter in großen Mengen herstellen)
200 g   Zitronenthymian
100 g   Eiswürfel
200 g   Rapsöl

6 Alle Zutaten in einen Standmixer füllen und 5 Minuten auf höchster Stufe pürieren. Danach in einen Kochtopf füllen und vorsichtig auf 55 °C erwärmen. (Dabei trennt sich dass nun tief grüne und hocharomatische Öl vom Wasser.) Den gesamten Inhalt des Kochtopfs durch einen Teefilter in eine Fetttrennkanne gießen. Einige Stunden setzen lassen. Das Wasser abgießen und das verbleibende Öl in eine Spritzflasche füllen. Im Kühlschrank aufbewahren.

7 **Anrichten:**
Die Birnen-Zylinder leicht versetzt auf einen Teller geben. Je ein Birnen-Gelee in einen Zylinder geben und mit Kamillen-Krem füllen. Das Zitronenthymian-Öl darüberträufeln. Mit einem Löffel kleine Nocken vom gelierten Kamillen-Schaum abstechen und auf den Birnen verteilen. Mit einzelnen Blättern vom Zitronenthymian garnieren.

beschränken. Was sich in der → **Greißlerei De Merin** im Zentrum Stradens manifestiert, geht auf ihre Initiative zurück. Auf der Website heißt es: „Der Gruppe De Merin – einer Vereinigung von Landwirten, Winzern sowie genuss- und kulturorientierten Menschen der Pfarre Straden – ist es ein besonderes Anliegen, die in der Region ausgeübten traditionellen und naturgerechten Erzeugungsmethoden zu bewahren, gewachsene Qualitäten sichtbar zu machen, die weitere Verfeinerung der landwirtschaftlichen Produkte zu fördern und die besten Erzeugnisse den Besuchern Stradens in einem adäquaten Rahmen anzubieten." Und so findet man in der Greißlerei schlicht das Beste, das die Region zu bieten hat, und man kann vieles davon an Ort und Stelle verkosten, prächtiger Blick auf die umliegenden Kogel inklusive. Der Name geht übrigens auf Henricus de Merin, den Gründer der Pfarre Straden (um 1188) zurück. De-Merin-Filialen gibt es in Graz und Klagenfurt, Handelspartner in Wien, Althofen, Ebensee und sogar auf der Insel Sylt.

Dass die Stradener Gegend eine Hochburg des → **Grauburgunders** (Ruländers) ist, habe ich schon

unten: *Ein Museum der besonderen Art, das auch auskocht: der Bulldogwirt bei Straden.*

rechts: *Vier Kirchen, drei Türme: der Stradener „Himmelsberg".*

vermerkt. Wer, wie ich, eine Schwäche für diese Sorte hat, wird eine Querverkostung bei den Grauburgunder-Winzern besonders reizvoll finden. Am einfachsten – und am geselligsten – geht das bei der Jahrgangspräsentation im Rahmen des jährlichen Festes auf dem Stradener Kirchplatz.

Wer die Gemeinde Straden verlässt, ohne beim → **„Bulldogwirt"** vorbeizuschauen, versäumt einiges. „Museum nostalgisches Landleben" beschreibt nicht annähernd, worum es hier geht. In Jahrzehnten hat Senior Wiedner seiner Sammelleidenschaft freien Lauf gelassen und ein schier unglaubliches Panoptikum von Gebrauchsgegenständen aller Art zusammengetragen, von Erntemaschinen bis zum handgeschmiedeten Nagel. Die Söhne haben die Aufgabe übernommen, zumindest einen Teil davon in einen präsentablen Rahmen zu setzen. Das Ergebnis ist, unter anderem, ein Speisesaal als Kuriositätenkabinett. Dort steht auch der Namenspatron des Hauses: ein deutscher „Lanz Bulldog"-Traktor, der schon seine 70 Jahre auf dem Kühler hat. Vor lauter Staunen könnte man da glatt aufs Essen und Trinken vergessen – was die verfeinerte bodenständige Küche und die schöne Auswahl an lokalen Weinen aber gottlob nicht zulassen.

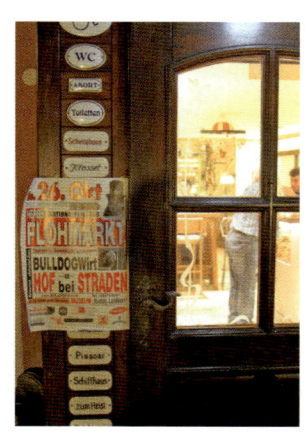

LINKS: *Feine Küche, gute Musik, heitere Atmosphäre: Jazzbrunch beim Stöcklwirt in Neusetz.*

Apropos Wein! Gleich in der Nähe liegt das steirische Weingut des Jahres 2014: jenes der → **Familie Frauwallner** in Karbach bei Straden, ein Haus mit freundlicher, familiärer Atmosphäre, einem Kostraum mit sehenswerten Leuchten (aus abgeschnittenen Flaschen) – und der ganzen regionalen Weinpalette.

Gegenüber von Straden, auf der Ostseite, erhebt sich ein weiterer der vielen südoststeirischen Rosenberge, und wohl einer der schönsten. Die „Rosen" dürften übrigens auf das keltische Wort Roden – Ahnen – zurückgehen, wie Ilse Resch-Rauter in ihrem Buch „Unser keltisches Erbe" ausführt. Tatsächlich gibt es in der Südoststeiermark zahlreiche Reste keltischer Gräber.

Wir ziehen aber die Gastronomie der Archäologie vor und landen zunächst beim → **Stöcklwirt.** In diesem Landgasthaus im besten Sinn des Wortes bereiten Erika und Johann Schwarzl den Besuchern seit mehr als 10 Jahren Freude: mit einem gediegen-schlichten Ambiente (was für die Veranda, die Weinlaube wie für Gästezimmer gilt) und einer sehr kreativen, raffiniert einfachen Regionalküche. Haubenkoch Johann widmet sich verdienstvollerweise auch der Lehrlingsausbildung und entdeckt dabei immer wieder Talente, die ihr Können dann den Gästen präsentieren. Im Salettl werden mehrmals im Jahr „musikalische Leckerbissen" serviert. Da treten bekannte Jazzmusiker der Region auf, und Johann Schwarzl spielt dazu auf seinem kulinarischen Klavier.

REZEPT *Stöcklwirt*

Steirisches Sushi auf Vogerlsalat, Honig-Senfsauce und Kren

Für 4 Personen

- 400 g Lachsforellenfilet mit Haut
  Brick-Teig
  1 Prise Meersalz
  8 Mangoldblätter, blanchiert
  50 g Vogerlsalat
  Saft einer Zitrone
  Pfeffer aus der Mühle

- **Polenta:**
  750 ml Milch
  250 ml Minutenpolenta
  30 g Butter
  2 Zitronenthymianzweige, abgezupft
  Salz, Muskat

- **Sauce:**
  Estragonsenf
  Honig
  Koriandergrün
  Balsamico-Essig
  Zitrone

1 Feine Gräten aus dem Lachsforellenfilet herausziehen, die Haut abziehen und das Filet auf einen Gefrierbeutel legen. Eine Hälfte des Gefrierbeutels über die andere klappen und das Filet gleichmäßig auf 1/2 cm plattieren.

2 Für die Polenta Milch aufkochen, Salz und Muskat zugeben, Polenta einrühren und unter gelegentlichem Rühren ausquellen lassen. Zuletzt Butter und Zitronenthymian unterrühren.

3 Auf einem zweiten Gefrierbeutel den blanchierten Mangold auslegen, mit Küchenkrepp abtupfen und das Lachsforellenfilet darauflegen. Die Polenta auf dem Lachsforellenfilet verteilen und dieses zu Rollen eindrehen. Zum Schluss mit dem Brick-Teig einrollen und in heißem Fett ca. 4–6 Minuten frittieren.

4 Für die Honig-Senfsauce Estragonsenf mit Honig, Balsamico-Essig und Zitronensaft verrühren. Zuletzt gehackten Koriander unterrühren.

5 Die „Sushi" auf dem Vogerlsalat anrichten, Senfsauce darüberziehen und alles mit frisch geriebenem Kren garnieren.

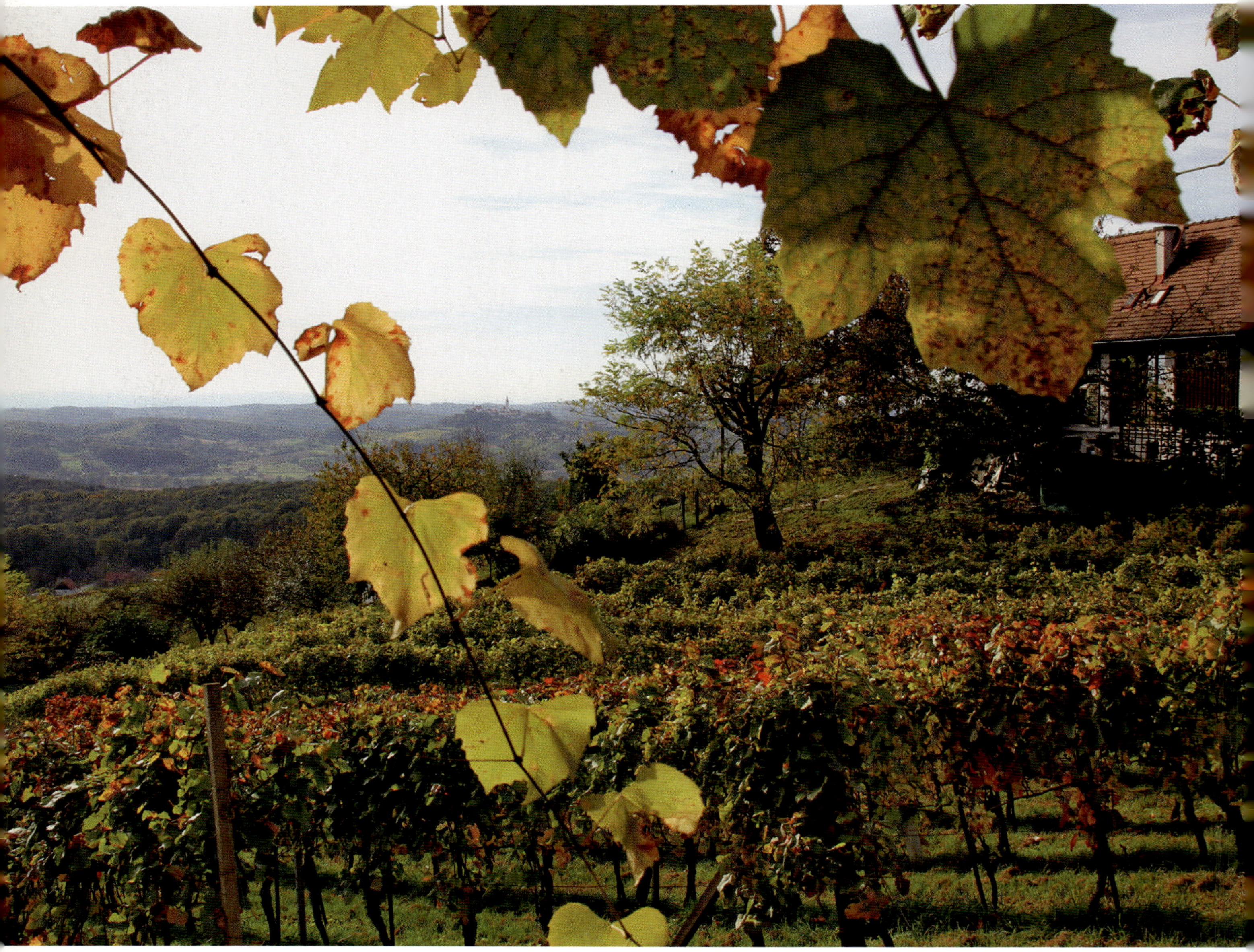

LINKS: *Ein Hauch vom Paradies: Blick von der Buschenschank Neubauer auf Straden.*

RECHTS: *Alt und neu in spannender Verbindung: Weingut, Buschenschank, Manufaktur und Hofladen Krispel.*

Erika und Johann Schwarzl gehören zu den Wiederentdeckern des Wollschweines, so wie die → **Familie Krispel** ein paar Hundert Meter weiter. Anton und Daniela Krispels Begeisterung liegt in der Veredelung von Produkten. Was mit dem Wein begann, setzte sich beim Wollschwein fort. Und wo früher eine urig-gemütliche Buschenschank stand (und noch immer steht), breitet sich heute ein Komplex mit modernen Zubauten für Weinkeller, Kostraum und Hofladen aus. Mit der Architektur soll das Thema Eruption interpretiert werden. Nichts geändert hat sich an der hohen Qualität der Produkte des Hauses, ob aus dem Keller oder der Manufaktur. Und während der Wein inzwischen die Sache von Sohn Stefan ist, widmet sich Anton dem Kochen. Jeden ersten und letzten Mittwoch und dazwischen mittwochs auf Anfrage stellt er sich für Gäste an den Herd.

Den Rosenberg hakt man nicht mit einem Besuch ab. Dafür sorgt schon ein ganz besonderer Platz, den nicht nur ich zu meinen Favoriten zähle: die Buschenschank der → **Familie Neubauer** ganz oben. Wunderschöne Weinlaube, herrlicher Blick nach Straden und, bei klarem Wetter, bis zur Koralpe im Westen, beste Jause einschließlich hausgemachter Mehlspeisen, guter Wein, darunter ein weithin geschätzter Heckenklescher. Anna managt mit Sohn Thomas die Küche und bäckt das herrliche Brot, Sohn Christian keltert den Wein und Senior Anton, für Freunde „der Toni", bedient die Gäste. Sein Humor gehört zu den Spezialitäten den Hauses, sein Lachen ist die besondere Würze. Und wenn dann hinter der Silhouette mit den Stradener Kirchen die Sonne in den vielschichtigen Hügeln versinkt, beschleicht einen das Gefühl, dass es im Paradies nicht viel schöner sein kann. ■

- **LAVA Bräu**
  Auersbach 130, 8330 Feldbach
  Tel. +43 664 7915710
  office@lavabraeu.at
  www.lavabraeu.at

- **Heurigenschenke zum Sterngucker**
  Familie Ehrenhöfer
  Tel. 03114/2176
  Mobil: +43 664 8215705
  office@zumsterngucker.at
  www.zumsterngucker.at

- **Schlosswirt Kornberg**
  Dörfl 2, 8330 Feldbach
  Tel. 03152/2057
  info@schlosswirt.com
  www.schlosswirt.com

- **Hausmanufaktur Fam. Weber**
  Schützing 19, 8333 Riegersburg
  Tel. 03152/7122

- **Raabauer Eisvogel – Bio-Produkte**
  Wilma & Karl Kaufmann
  Raabau 168, 8330 Feldbach
  Tel. 03152/7097
  office@raabauer-eisvogel.at
  www.raabauer-eisvogel.at

- **Krenn Milchprodukt-Spezialitäten**
  Alois, Theresia und Christoph Krenn
  Raabau 44, 8330 Feldbach
  Mobil: +43 676 9512021
  mail@krennmilch.at
  www.krennmilch.at

- **Tabor Feldbach**
  www-tabor-feldbach.at

- www.feldbach-tourismus.at

- **Ölmühle Kirchengast-Holler**
  8330 Mühldorf 62
  Tel. 03152/3183

- **Danis Hofladen**
  Mühldorf 77
  8330 Mühldorf bei Feldbach
  Tel. +43 664 6434666

- **Die Klause**
  Dr. Dolf Dominik
  Taxbergstraße 15/17/19
  8344 Bad Gleichenberg
  Tel. 03159/44915
  willkommen@die-klause.at
  www.die-klause.at

- **Huabn**
  Helga + Josef Kirchengast
  Petersdorf 12
  8330 Mühldorf/Feldbach
  Tel. +43 676 843766600
  info@huabn.eu
  www.huabn.eu

- **Kulmberghof**
  Familie Ladenhaufen
  Gossendorf 5, 8330 Feldbach
  Tel. 03159/2382
  kulmberghof@aon.at
  www.kulmberghof.at

- **Weinbau Neuherz**
  Edersgraben 2, 8330 Feldbach
  Tel. 03155/3225

- **Andrea Bregar**
  Kräuterpädagogin
  Gossendorf 73, 8330 Feldbach
  Tel. +43 660 1496885
  andrea@kraeuterhuegel.at
  www.kraeuterhuegel.at

- **Gasthaus „Zum Bauernhansl"**
  Absetzstraße 59
  8343 Bad Gleichenberg
  Tel. 03159/2610

TOUR 5: DIE PRALLE MITTE

Adressen

- **Lounge 81**
  Steinbach 81, 8344 Merkendorf
  Tel. +43 664 3848978
  lounge81@thomasrauch.at
  www.lounge81.at

- **Gleichenberger Hof**
  Gerti & Reinhard Kaulfersch
  Am Kurpark, 8344 Bad Gleichenberg
  Tel. +43 664 5248769
  office@gleichenbergerhof.at
  www.gleichenbergerhof.at

- **Schlössl Hotel Kindl**
  Bernreither Straße 34
  8344 Bad Gleichenberg
  Tel. 03159/2332
  info@schloessl-hotel.at
  www.schloessl-hotel.at

- **Die Delikaterie**
  Kaiser-Franz-Josef-Straße 5
  8344 Bad Gleichenberg
  Tel. +43 664 3102420
  silvia.schabl@delikaterie.at
  alfred.gombotz@delikaterie.at
  www.delikaterie.at
  shop.delikaterie.at

- **Bad Gleichenberg**
  www.bad-gleichenberg.at

- **Vulkanlandmarkt Bad Gleichenberg**
  www.vulkanlandmarkt.at

- **Bauernmarkt Bad Gleichenberg**
  Freitag 15–17 Uhr (Winterzeit) bzw.
  Freitag 17–19 Uhr (Sommerzeit)

- **Styrassic Park**
  Tel. 03159/2875-0
  office@styrassicpark.at
  www.styrassicpark.at

- **Buschenschank, Weingut Leitgeb**
  8343 Trautmannsdorf 104
  Tel. +43 664 4128089
  info@weingut-leitgeb.at
  www.weingut-leitgeb.at

- **Steira Wirt –
  Das Wirtshaus der Familie Rauch**
  8343 Trautmannsdorf 6
  Tel. 03159/4106
  office@steirawirt.at
  www.steirawirt.at

- **Fleisch und Wurstköstlichkeiten
  Johann Rauch**
  8343 Trautmannsdorf 6
  Tel. 03159/2376
  office@johann-rauch.st
  www.johann-rauch.st

- **Gasthof Binderhansl**
  Katzendorf 39, 8342 Poppendorf
  Tel. 03151/2365
  binderhansl@gmx.at

- **Weinhof – Buschenschank Dunkl**
  Nägelsdorf 24a, 8345 Straden
  Tel. 03473/7729
  info@dunkl-weine.com
  www.dunkl-weine.com

- **Urlmüller's**
  Johann Unger
  Schwabau 9a, 8345 Straden
  Tel. 03473/8000
  info@urlmuellers.at
  www.urlmuellers.at

- **Alexandra Monschein**
  Buschenschank und Gästezimmer
  Schwabau 21, 8345 Straden
  Tel. +43 664 1547296
  wein-monschein@aon.at
  www.wein-monschein.at

- **De Merin Straden**
  Straden 5, 8345 Straden
  Tel. 03473/75957
  office@demerin.at
  www.demerin.at

→ **Saziani Stub'n**
Familie Neumeister
8345 Straden 42
Tel. 03473/8308
saziani@neumeister.cc
www.neumeister.cc

→ **Grauburgunder**
www.straden-grauburgunder.at

→ **Weingut Frauwallner**
Karbach 7, 8345 Straden
Tel. 03473/7137
Mobil +43 676 6036911
weingut@frauwallner.com
www.frauwallner.com

→ **BulldogWirt**
Familie Wiedner
8345 Hof bei Straden 2
Tel. 03473/8267
bulldogwirt@aon.at
www.bulldogwirt.at

→ **Stöcklwirt**
Neusetz 44, 8345 Straden
Tel. 03473/7046
office@stoecklwirt.at
www.stoecklwirt.at

→ **Weingut Krispel**
Daniela, Anton und Stefan Krispel
Neusetz 29, 8345 Hof bei Straden
Tel. 03473/7862
wein@krispel.at
www.krispel.at

→ **kostBar im Kostgut Krispel**
Neusetz 29, 8345 Straden
Tel. 03473/20087
office@diekostbar.at
www.diekostbar.at

→ **Buschenschank Neubauer**
Rosenberg 34, 8345 Straden
Tel. +43 664 4794269
neubauer.wein.aon.at
www.neubauer-wein.at

→ **Weinhandl Mühle**
Dirnbach 12, 8345 Straden
Tel. 03473 8286
office@weinhandl-muehle.at
www.weinhandl-muehle.at

→ **Weinbau Wurzinger**
Waldsberg 34
8344 Bad Gleichenberg
Tel. 03159/2835
www.weinbau-wurzinger.at

→ **Weingut Hutter**
Reiting 2, 8330 Feldbach
Tel. 03152/4422
franz@hutter-wein.at
www.hutter-wein.at

Weitere empfehlenswerte Adressen:

→ **Hotel & Lounge Lava Inn**
Gnaser Straße 1, 8330 Feldbach
Tel. 03152/208390
info@lava-inn.at
www.lava-inn-at
Schlafen

→ **Pfeiler's Bürgerstüberl**
Bürgergasse 26, 8330 Feldbach
Tel. 03152/2403
office @ pfeilers.at
www.hotel-seminar-restaurant.at
Verfeinerte, bodenständige Küche

→ **Köhldorfer**
Lugitschstraße 1, 8330 Feldbach
Tel. 03152/5603-0
www.koehldorfer.at
Frische heimische und Meeresfische

→ **Imkerei-Bauernladen Alois Rauch**
Oedt 49, 8330 Feldbach
Tel. +43 664 2175668
imkerei.alois.rauch@gmx.net

- **BIO-FUX Obstsäfte**
  Unterweißenbach 22, 8330 Feldbach
  Tel. +43 699 14424101
  office@biofux.at, www.biofux.at

- **SteirerKren**
  Feldbacher Fruit Partners GmbH
  Europastraße 26, 8330 Feldbach
  Tel. 03152/3512
  office@feldbacher.at
  www.steierkren.at

- **Vulkanland Fischzentrum**
  Oliver Pilzek
  Untergiem 56, 8330 Feldbach
  Tel. +43 699 10509470
  www.purfishing.at
  *Fischen; frische Forellen,
  Karpfen und Hecht*

- **Buschenschank Steinrieglkeller**
  Fam. Halbedl
  Steinrieglstraße 105,
  8344 Bad Gleichenberg
  Tel. +43 664 4881830

- **Obst, Gemüse, Jungpflanzen**
  Martin Krenn
  Maierdorf, 14 8342 Gnas
  Tel. +43 664 2357662
  obstbaukrenn@gmx.at
  Ab-Hof-Verkauf, Vulkanlandmarkt

- **Christine und Manfred Kickmaier**
  8342 Maierdorf 20
  Tel. +43 664 7915710
  christine.kickmaier@gmx.at
  *Hochlandrinder – Ab-Hof-Verkauf
  nach Schlachtung*

- **Triebl**
  Radkersburgerstraße 13,
  8344 Bad Gleichenberg
  Tel. +43 664 3575420
  office@triebl-styria.at
  www.triebl-styria.at
  Fleischerei, Imbiss, Café, Zimmer

- **Hütters Bauernschmankerl**
  Karl & Angela Hütter vulgo Hatzl
  Poppendorf 7, 8342 Gnas
  Tel. 03151/2617
  Mobil: +43 664 3917187
  huetter@bauernschmankerl.at
  www.bauernschmankerl.at
  *Brot, Wurst- und Fleischwaren
  Bauernmarkt Bad Gleichenberg,
  ab Hof-Verkauf*

- **blattWerk, Brigitte Leitgeb**
  Wieden 35, 8345 Straden
  Tel. 03473/20061
  office@blattwerk.cc
  www.blattwerk.cc

- **Heuriger Rosenbergl**
  Familie Kirwasser
  Rosenberg 40, 8345 Straden
  Tel. 03473/8322
  Mobil: +43 699 18107563
  www.rosenbergl.at
  Gästezimmer

- **Buschenschank Weinhof Huber**
  Pernreith 12, 8342 Gnas
  Mobil: +43 664/4567571
  weinhof.huber@aon.at
  www.weinhof-huber.at

- **Hütter – Pute & Huhn vom Feinsten**
  Krusdorf 12, 8345 Straden
  Tel. 03473/86 42
  pute-huhn@aon.at,
  www.pute-huhn.at
  *Produkte von Pute, Huhn und Schwein,
  Weidegänse, Bauernmarkt Bad Gleichenberg, ab Hof-Verkauf*

- **Ferienhaus Zotter**
  Reiting17, 8330 Mühldorf bei Feldbach
  Mobil: +43 664/73544152
  mzotter@aon.at
  www.ferienhaus-zotter.at
  Schlafen im Landhaus

- www.eruption.at

GESAMTVERZEICHNIS NACH KATEGORIEN, ALPHABETISCH

Adressen

OBEN: Auch die Riegersburg steht auf einem erloschenen Vulkan.

Buschenschank

Sepps Berglermühle
Wittmannsdorf 109
8093 St. Peter a. O.
Tel. +43 664 2109840
sepp@berglermuehle.com
www.berglermuehle.com

Buschenschank Bernhart
Ferdinand und Christine Bernhart
Hofberg 61, 8333 Riegersburg
Tel. 03153/8379
bernhart@buschenschank.at
www.buschenschank-bernhart.at

Buschenschank Weinhof Brunner
Kleegraben 15, 8262 Ilz
Tel. 03385/7715
Mobil: +43 664 4972323
brunner@weinhof.cc
www.weinhof.cc

Mostschenke Brunner
Dambach 13, 8262 Ilz
Tel. 03385/586
Mobil: +43 664 4434401
info@mostschenke.com
www.mostschenke.com
Most

Weinhof – Buschenschank Dunkl
Nägelsdorf 24a, 8345 Straden
Tel. 03473/7729
info@dunkl-weine.com
www.dunkl-weine.com

Winzerei Eibel am Starzenberg
Altenmarkt 136, 8333 Riegersburg
Tel. +43 664 1763844
weingut@eibel.at
www.eibl.at

▸ **Buschenschank Frühwirt**
D. Haseldorf
8493 Klöch
Tel. 03475/2338
weingut@fruehwirth.at
www.fruehwirth.at

▸ **Gaube Viljem & Cvetka**
Jareninska cesta 51, 2212 Šentilj,
Slowenien
Tel. +386 2 6510481
Mobil: +386 4554991
tur.k.gaube@gmail.com
Gästezimmer

▸ **Weingut Buschenschank Gießauf-Nell**
8493 Klöch 66
Tel. 03475/7265
giessauf-nell@aon.at
www.giessauf-nell.at
Gästezimmer

▸ **Buschenschank Weinhof Huber**
Pernreith 12, 8342 Gnas
Mobil: +43 664/4567571
weinhof.huber@aon.at
www.weinhof-huber.at

▸ **Weingut Krispel**
Daniela, Anton und Stefan Krispel
Neusetz 29, 8345 Hof bei Straden
Tel. 03473/7862
wein@krispel.at
www.krispel.at
Wein, Wollschwein, Gästezimmer

▸ **Buschenschank Kuruzzenschenke**
Burgfeld 40, 8350 Fehring
Tel. +43 664 3829928
www.kuruzzenschenke.at

▸ **Buschenschank, Weingut Leitgeb**
8343 Trautmannsdorf 104
Tel. +43 664 4128089
info@weingut-leitgeb.at
www.weingut-leitgeb.at
Gästezimmer

▸ **Buschenschank Markowitsch**
Altneudörfl 144
8490 Bad Radkersburg
Tel. +43 664 4502636
info@buschenschank-markowitsch
markowitsch.jimdo.com

▸ **Alexandra Monschein**
Buschenschank und Gästezimmer
Schwabau 21, 8345 Straden
Tel. +43 664 1547296
wein-monschein@aon.at
www.wein-monschein.at
Gästezimmer

▸ **Buschenschank Neubauer**
Rosenberg 34, 8345 Straden
Tel. +43 664 4794269
neubauer.wein.aon.at
www.neubauer-wein.at

▸ **Heuriger Rosenbergl**
Familie Kirwasser
Rosenberg 40, 8345 Straden
Tel. 03473/8322
Mobil: +43 699 18107563
www.rosenbergl.at
Gästezimmer

▸ **Weinhof Scharl**
Plesch 1, 8354 St. Anna am Aigen
Tel. 03158/2314
weinhof-scharl@utanet.at
www.weinhof-scharl.at
Buschenschank, Gästezimmer

▸ **Buschenschank Steinrieglkeller**
Fam. Halbedl
Steinrieglstraße 105
8344 Bad Gleichenberg
Tel. +43 664 4881830

▸ **Weingut Schloss Thaller**
Maierhofbergen 24
8263 Großwilfersdorf
Tel. 03387/2924
koarl@weingut-thaller.at
www.weingut-thaller.at
Greißlerei

▸ **Weinbau-Buschenschank Wonisch**
8493 Klöch 65
Tel. 03475/2347
wonisch-weine@aon.at
www.weinbau-wonisch.at

Einkaufen, Ab-Hof-Verkauf, Märkte

▸ **Bäcksteffl**
Familie Summer & Hofer
Dietzen 32, 8492 Halbenrain
Tel. 03476/3708
Mobil: +43 664 4151989
info@baecksteffl.at
www.hofer-kernoel.at
*Käferbohnenprodukte
Kürbiskernöl, Kurse*

▸ **Bauernmarkt Bad Gleichenberg**
Freitag 15–17 Uhr (Winterzeit) bzw.
Freitag 17–19 Uhr (Sommerzeit)

- **Bauernmarkt Gleisdorf**
  am Kirchplatz
  Mittwoch: 13–17.30 Uhr
  Samstag: 7–12 Uhr

- **Berghofer Mühle**
  Bahnhofstraße 25, 8350 Fehring
  Tel. 03155/2222
  office@berghofer-muehle.at
  www.berghofer-muehle.at
  Schaumühle, Hofladen, Kernöl, Onlineshop

- **Bienengarten Edelsbach**
  Edelsbach 100
  8332 Edelsbach/Feldbach
  Tel. 03115/3133
  info@bienengarten.at
  www.bienengarten.at
  *Honig, Akademie im Bienengarten –
  Seminare und Führungen*

- **Bio-Bauernmarkt Kirchbach**
  Milli's Bio-Oase
  Samstag: 8.30–12 Uhr (14-tägig)
  www.bio-oase.at/markt_termine.html
  www.bio-oase.at

- **BIO-FUX Obstsäfte**
  Unterweißenbach 22, 8330 Feldbach
  Gölles: +43 699 14424101
  Neuhold. +43 664 5875436
  Kaufmann: +43 650 3410891
  office@biofux.at
  www.biofux.at
  Bio-Obstsäfte, Honig, Kernöl

- **Brauhaus GmbH Bevog**
  Gewerbepark B9
  8400 Bad Radkersburg
  Tel. +43 4376 41543
  office@bevog.at
  www.bevog.at

- **Mostschenke Brunner**
  Dambach 13, 8262 Ilz
  Tel. 03385/586
  Mobil: +43 664 4434401
  info@mostschenke.com
  www.mostschenke.com
  Steirermost, Onlineshop

- **Renate und Johann Christandl**
  Unterweißenbach 23, 8330 Feldbach
  Tel. 03153/2107
  Mobil: +43 676 6500891
  office@hollervulkan.at
  www.hollervulkan.at
  Onlineshop: www.hollervulkan.com
  Obstsäfte, Obstweine, Holunder, Onlineshop

- **Danis Hofladen**
  Mühldorf 77, 8330 Mühldorf b. Feldbach
  Tel. +43 664 6434666
  Gemüse, regionale Produkte

- **De Merin Straden**
  Straden 5, 8345 Straden
  Tel. 03473/75957
  office@demerin.at
  www.demerin.at
  Greißlerei, regionale Produkte. Onlineshop

- **Die Delikaterie**
  Kaiser-Franz-Josef-Straße 5,
  8344 Bad Gleichenberg
  Tel. +43 664 3102420
  office@delikaterie.at
  www.delikaterie.at
  Restaurant, Feinkost, Catering

- **EigenARt**
  Bauernladen in der Ottersbachmühle
  Monika Absenger
  Tel. +43 664 6438153
  monika.absenger@gmail.com
  Handarbeit, regionale Produkte

- **Fromagerie zu Riegersburg**
  Bernhard Gruber
  Bergl 2, 8330 Riegersburg
  Tel. +43 660 2521811
  fromagerie.zu.riegersburg@gmail.com
  www.thecheeseartist.at
  Käse

- **Familie Gangl**
  Pichla 31, 8355 Tieschen
  Tel. +43 664 1449351
  www.kobatl.at
  info@kobatl.at
  Holunder, Vital-Säfte

- **Genießerei, Kürbishof Gartner**
  Weinberg/Raab 60, 8350 Fehring
  Tel. +43 664 73505558
  info@kuerbishof.at
  www.kuerbishof.at
  Café, Backwaren

- **Gaube Viljem & Cvetka**
  Jareninska cesta 51, 2212 Šentilj
  Slowenien
  Tel. +386 2 6510481
  Mobil: +386 4554991
  tur.k.gaube@gmail.com
  Eingemachtes Obst und Gemüse, Säfte

- **Gesamtsteirische Vinothek**
  Marktstraße 6
  8354 St. Anna am Aigen
  Tel. 03158/2801
  wein@gesamtsteirische-vinothek.at
  www.gesamtsteirische-vinothek.at

- **Josefa Glieder**
  Labuch 18, 8200 Gleisdorf
  Telefon: 03112/3319
  gliederbrot@aon.at
  *Bauernbrot, ab Hof-Verkauf,
  Bauernmarkt Gleisdorf*

- **GÖLLES Manufaktur für edlen Brand & feinen Essig**
Stang 52, 8333 Riegersburg
Tel. 03153/7555
obst@goelles.at, www.goelles.at
Essig, Schnaps, Onlineshop, Führung und Verkostung

- **Die Greißlerei, Rosengarten**
Sabine Putz
Brunn 62, 8350 Fehring
Tel. +43 699 81315522
sabine.putz@rosengarten.at
www.rosengarten.at
regionale Produkte, Kochkurse, Catering

- **Gasthaus Haberl & Fink's Echte Delikatessen**
Walkersdorf 23, 8262 Ilz
Tel. 03385/260
office@finks-haberl.at
www.finks-haberl.at
Gemüse und Obst verarbeitet, Eingelegtes, Onlineshop

- **Hausmanufaktur Fam. Weber**
Schützing 19, 8333 Riegersburg
Tel. 03152/7122
Schnäpse, Honig, ab Hof-Verkauf

- **Hermax Bräu**
Hermann Nothdurfter
Reith 72, 8311 Markt Hartmannsdorf
Tel. +43 699 11 87 62 16
hermann.nothdurfter@gmx.at
Bier, ab Hof-Verkauf, SMS Bonstingl

- **Hütters Bauernschmankerl**
Karl & Angela Hütter vulgo Hatzl
Poppendorf 7, 8342 Gnas
Tel. 03151/2617
Mobil: +43 664 3917187
huetter@bauernschmankerl.at
www.bauernschmankerl.at
Brot, Wurst- und Fleischwaren, Bauernmarkt Bad Gleichenberg, ab Hof-Verkauf

- **Hütter – Pute & Huhn vom Feinsten**
Krusdorf 12, 8345 Straden
Tel. 03473/86 42
pute-huhn@aon.at
www.pute-huhn.at
Fleisch- und Wurstwaren von Schwein, Huhn und Pute, Bauernmarkt Bad Gleichenberg, ab Hof-Verkauf

- **Christine und Manfred Kickmaier**
8342 Maierdorf 20
Tel. +43 664 7915710
christine.kickmaier@gmx.at
Hochlandrinder – Ab-Hof-Verkauf nach Schlachtung

- **Ölmühle Kirchengast-Holler**
8330 Mühldorf 62
Tel. 03152/3183
Kernöl, ab Hof-Verkauf

- **Köhldorfer**
Lugitschstraße 1, 8330 Feldbach
Tel. 03152/5603-0
www.koehldorfer.at
Frische heimische und Meeresfische

- **Kürbishof Koller**
Weinberg 78, 8350 Fehring
Tel. 03155/3414
info@kuerbishof-koller.at
www.kuerbishof-koller.at
Kernöl, Kürbisprodukte, Onlineshop

- **kostBar im Weingut Krispel**
Neusetz 29, 8345 Straden
Tel. 03473/20087
office@diekostbar.at
www.diekostbar.at
regionale Produkte

- **Kräuterdorf Söchau**
8362 Söchau
Tourismusverband Söchau
Tel. +43 676 6295344
tourismus@kraeuterdorf.cc
www.kraeuterdorf.cc
Kräuter

- **Obst, Gemüse, Jungpflanzen**
Martin Krenn
Maierdorf, 14 8342 Gnas
Tel. +43 664 2357662
obstbaukrenn@gmx.at
Ab-Hof-Verkauf, Vulkanlandmarkt

- **Krenn Milchprodukt-Spezialitäten**
Alois, Theresia und Christoph Krenn
Raabau 44, 8330 Feldbach
Mobil: +43 676 9512021
mail@krennmilch.at
www.krennmilch.at
Käse, Milchprodukte

- **Weingut Krispel**
Daniela, Anton und Stefan Krispel
Neusetz 29, 8345 Hof bei Straden
Tel. 03473/7862
wein@krispel.at
www.krispel.at
Wein, Wollschweinprodukte, Onlineshop

- **Labonca Biohof**
8291 Burgau 54
Tel. +43 699 81210911
norbert.hackl@labonca-biohof.at
www.labonca.at
Produkte vom Sonnenschwein, Hofladen, regionale Bioprodukte, Onlineshop

Pizzeria Figaro, Gottfried Lagler
Wünschendorf 190, 8200 Gleisdorf
Tel. 03112/6173
office@solar-cafe.at
www.pizzeria-figaro.at
www.sprossen.at
Pizzeria, Sprossen

LAVA Bräu
Auersbach 130, 8330 Feldbach
Tel. +43 664 7915710
office@lavabraeu.at
www.lavabraeu.at
Bier, Whisky, Onlineshop

Milchhof & Hofkäserei
Familie Franz und Ursula Hofstätter
Unterzirknitz 22, 8091 Jagerberg
Tel. +43 664 9517596
kaese@hofstaetter.or.at
www.hofstaetter.or.at
Kuhkäse, Michprodukte, ab Hof-Verkauf

Familie Nigitz
Takern II 47
8321 St. Margarethen/Raab
Tel. 03115/2059
nigitz@aon.at
Holzofenbrot – ab Hof-Verkauf Dienstag und Freitag oder auf Vorbestellung

Pock Bier
Landwerkstatt & Genusslabor
Georg Pock
Pichla/M. 31, 8481 Weinburg
Tel. +43 664 1915963
office@pockbier.com
www.pockbier.com

Biogemüse Pranger
Jammberg 54, 8354 St. Anna am Aigen
Tel. 03158/29042
Mobil: +43 664 1031952
office@prangerbiogemuese.at
www.prangerbiogemuese.at
Ab Hof-Verkauf

Raabauer Eisvogel – Bio-Produkte
Wilma & Karl Kaufmann
Raabau 168, 8330 Feldbach
Tel. 03152/7097
office@raabauer-eisvogel.at
www.raabauer-eisvogel.at
Bio-Obstsäfte, Honig, Kernöl

Fleisch und Wurstköstlichkeiten
Johann Rauch
8343 Trautmannsdorf 6
Tel. 03159/2376
office@johann-rauch.st
www.johann-rauch.st

Imkerei-Bauernladen Alois Rauch
Oedt 49, 8330 Feldbach
Tel. +43 664 2175668
imkerei.alois.rauch@gmx.net

Hans & Maria Reicher
Mahrensdorf 5, 8350 Fehring
Tel. 03157/2446
hans@reicher-spargel.at
www.reicher-spargel.at,
www.erdbeerpflanzen.at
Erdbeeren, Spargel

Slow Flowers – Vom Hügel
Margit Schweighofer
Erbersdorf 1, 8322 Studenzen
Tel. +43 650 4229071
office@vomhuegel.at
www.vomhuegel.at
Biologische Schittblumen frisch vom Feld, Seminare

SMS Bonstingl
8321 St. Margarethen/Raab 329
Tel. 03115/2397
office@bonstingl-kg.at
www.sms.bonstingl-kg.at
Bauernladen, regionale Produkte, Kernöl, Hermax-Bier

SteirerKren
Feldbacher Fruit Partners GmbH
Europastraße 26, 8330 Feldbach
Tel. 03152/3512
office@feldbacher.at
www.steierkren.at
Kren

Fleischhauerei Thaller
Hauptstraße 34
8311 Markt Hartmannsdorf
Tel: 03114/2283
fleischhauerei.thaller@aon.at
www.fleischhauerei-thaller.at
Goldthallerschinken, Chili-Beisser, Würste

Triebl
Fleischerei, Imbiss, Café, Zimmer
Radkersburgerstraße 13
8344 Bad Gleichenberg
Tel. +43 664 3575420
office@triebl-styria.at
www.triebl-styria.at

Biohof Unger
Heinz & Christa Unger
Mitterlabill 18, 8413 St. Georgen/Stfg.
Tel. 03184/2335
hc.unger@aon.at
Ab Hof-Verkauf, Bio-Bauernmarkt Kirchbach

→ **Urlmüller's**
Johann Unger
Schwabau 9a, 8345 Straden
Tel. 03473/8000
Mobil: +43 664 4954538
info@urlmuellers.at
www.urlmuellers.at
Produkte von Paradeisern, Chili und Wollschwein. Onlineshop

→ **VULCANO**
Eggreith 26, 8330 Auersbach
Tel. 03114/2151
mail@vulcano.at
www.vulcano.at
Vulcanoschinken,-würste, Wein, Onlineshop

→ **Vulkanland Fischzentrum**
Oliver Pilzek
Untergiem 56, 8330 Feldbach
Tel. +43 699 10509470
purfishing.fishfriends@inode.at
www.purfishing.at
Fischen; frische Forellen, Karpfen, Amur, Hecht

→ **Gartenbau Wagner**
Gutendorf 36, 8353 Kapfenstein
Tel. 03157/2395
mail@gartenbauwagner.at
www.gartenbauwagner.at
Biologische Pflanzen, Samen. Onlineshop

→ **Weinhandl Mühle**
Dirnbach 12, 8345 Straden
Tel. 03473 8286
office@weinhandl-muehle.at
www.weinhandl-muehle.at
Öle, Bio-Produkte, Onlineshop

→ **Milchhof Wurzinger**
Petzelsdorf 51a
8350 Fehring
Tel. 03155/3822
office@milchhof-wurzinger.at
www.milchhof-wurzinger.at
Rohmilchkäse, Milchprodukte

→ **Zotter Schokoladen**
Bergl 56, 8333 Riegersburg
Tel. 03152/5554
schokolade@zotter.at
www.zotter.at
Alles rund um Schokolade, Onlineshop

Handwerk

→ **Auersbacher Tischlerdreieck**
S. Genser, E. Haidinger, W. Haidinger
Auersbach 23, 8330 Feldbach
st.genser@aon.at
www.vulkanland.at/tischlerdreieck

→ **Gölles-Valda Möbelrestauration**
Altenmarkt 9, 8333 Riegersburg
Tel. +43 664 2646495
antik@goelles-valda.com
www.goelles-valda.com
antike Möbel

→ **Franz Gross**
Weinberg 108, 8350 Fehring
Tel. +43 664 1618921
franz@tueri.at
www.tueri.at
www.woodi.at
Tischlerei, strahlenfreie Betten

→ **Mario Herzog**
Handmade only. My shoes.
Pesnica pri Mariboru 44d
2211 Pesnica, Slowenien
Tel. +386 2 654 0213
Mobil: +386 41 441 442
www.marioherzog.com
Maßschuhe

→ **Trachtenmode Hiebaum**
8322 Studenzen 118
Tel. 03115/2560
office@hiebaum.at
www.hiebaum.at

→ **Kunstschmiede Hiebaum**
Lichendorf 11
8083 St.Stefan/Rosental
Tel. +43 664 3919509
kunstschmiede.hiebaum@aon.at
www.kunstschmiede-hiebaum.at

→ **Knaus Wohfühltischlerei**
Schützing 4, 8330 Feldbach
Tel. 03152/2618
tischlerei@knaus.at
www.knaus.at

→ **Die Kornberg Design Tischler**
www.die-kornberg-designtischler.at

→ **blattWerk, Brigitte Leitgeb**
Wieden 35, 8345 Straden
Tel. 03473/20061
office@blattwerk.cc
www.blattwerk.cc
Blumen, Pflanzen, Dekoration

→ **Berthold Rauch**
8345 Straden 84
Tel. 03473/8423
office@rauch-steinmetz.at
www.rauch-steinmetz.at
Steinmetz

- **Metallkunst Markus Ritter**
Recycling-Kunst
8322 Fladnitz
Tel. +43 664 4649613

- **Scheicher Antiquitäten**
Dirnbach 50, 8345 Straden
Tel. 03473/8525
buero@luis-scheicher.at

- **Schlichtbarock**
Andreas Stern & Rainer Böhm
Torplatz 3, 8330 Feldbach
Tel. 03152/25999
office@schlichtbarock.at
www.schlichtbarock.at
Dekor, Ausstellungen, Lebensraumgestaltung

- **Schuhmacher Friedrich Semlitsch**
Alois-Grogger-Gasse 3/2,
8200 Gleisdorf
Tel. +43 664 2275320
Maßschuhe

- **Naturstein Trummer**
Burgfried 205, 8342 Gnas
Tel. 03151/51980
office@naturstein-trummer.at
www.naturstein-trummer.at

- **Trachten Trummer**
Dietersdorf 76, 8093 St. Peter a. O.
Tel. 03477/3150
trachten-trummer@aon.at
www.trachten-trummer.at

- **Wollgenuss**
Monika Reindl
Kaag 28, 8332 Edelsbach/Feldbach
Tel. +43 664 4106514
reindl@wollgenuss.at
www.wollgenuss.at

Lernen, Seminare

- **Bäcksteffl**
Familie Summer & Hofer
Dietzen 32, 8492 Halbenrain
Tel. 03476/3708
info@baecksteffl.at
www.hofer-kernoel.at
Käferbohnenprodukte, Kürbiskernöl, Kurse

- **Bienengarten Edelsbach**
Edelsbach 100
8332 Edelsbach/Feldbach
Tel. 03115/3133
www.bienengarten.at
*Honig, Akademie im Bienengarten –
Seminare und Führungen*

- **Andrea Bregar**
Kräuterpädagogin
Gossendorf 73, 8330 Feldbach
Tel. +43 660 1496885
www.kraeuterhuegel.at
Kräuterseminare

- **Huabn**
Helga + Josef Kirchengast
Petersdorf 12
8330 Mühldorf/Feldbach
Tel. +43 676 843766600
info@huabn.eu, www.huabn.eu
*Gesundheitsseminare,
Seminarraumvermietung*

- **Die Klause**
Dr. Dolf Dominik
Taxbergstraße 15/17/19
8344 Bad Gleichenberg
Tel. 03159/44915
willkommen@die-klause.at
www.die-klause.at
Heiltherapie am Biobauenhof

- **Slow Flowers – Vom Hügel**
Margrit Schweighofer
Erbersdorf 1, 8322 Studenzen
Tel. +43 650 4229071
office@vomhuegel.at,
www.vomhuegel.at
*Biologische Schittblumen frisch vom
Feld, Seminare*

- **Spirit of regions**
Gabriele Grandl
Auersbach 130, 8330 Feldbach
Tel. +43 664 4541330
touren@spiritour.at, www.spiritour.at
*Seminare, maßgeschneiderte Touren,
Geomantie*

- **Herz-Schritt**
www.herz-schritt.at
Gesundheitstage

- **Korbflechter**
www.weidenkorb.at

- **Lebensgärten**
www.lebensgaerten.at

- **Malerwinkl**
siehe Restaurant, Gasthaus
Malkurse

- **Berghofer Mühle**
siehe Einkaufen
Mühlenschule

- *Kochkurse*
Die Greißlerei
siehe Einkaufen
Haberl&Finks
Schlosswirt Kornberg
SteiraWirt
Stöcklwirt
Thaller
siehe Restaurant, Gasthaus

Museum, Kunst, Ausstellung

→ **Galerie Gölles**
Augasse 4, 8280 Fürstenfeld
Tel. 03382/54509
Mobil: +43 664 2645975
kunst@golles.at
www.golles.at

→ **Malerwinkl Wirtshaus und Kunsthotel**
Hatzendorf 152, 8361 Hatzendorf
Tel. 03155/2253
www.malerwinkl.com
Woody, Skulpturen, Malkurse

→ **Museum Pfeilburg**
Klostergasse 18, 8280 Fürstenfeld
Tel. 03382/55470
pfeilburg@stwff.at
www.museum-pfeilburg.at

→ **Die Ottersbachmühle**
Wittmannsdorf 14, 8093 St. Peter
Infos zur Mühle:
Firma Strohmaier, Tel. 03477/2345
info@ottersbachmuehle.at
Infos zum Mühlengasthaus:
Renate Denk, Tel. +43 664 75013903
gastro@ottersbachmuehle.at
www.ottersbachmuehle.at

→ **Schlichtbarock**
Andreas Stern & Rainer Böhm
Torplatz 3, 8330 Feldbach
Tel. 03152/25999
www.schlichtbarock.at
Dekor, Ausstellungen

→ **Styrassic Park**
Tel. 03159/2875-0
www.styrassicpark.at

→ **VULCANO**
Eggreith 26, 8330 Auersbach
Tel. 03114/2151
mail@vulcano.at, www.vulcano.at
Schwein, Schinken

→ **Weltmaschine Gsellmann**
Kaag 12, 8332 Edelsbach bei Feldbach
Tel: 03115/2983
office@weltmaschine.at
www.weltmaschine.at

→ **Zotter Schokoladen**
Bergl 56, 8333 Riegersburg
Tel. 03152/5554
schokolade@zotter.at
www.zotter.at
Alles rund um Schokolade

→ www.museen-vulkanland.at

Restaurant, Gasthaus

→ **Gasthof Binderhansl**
Katzendorf 39, 8342 Poppendorf
Tel. 03151/2365
binderhansl@gmx.at
Gute, bodenständige Wirtshausküche

→ **Gasthaus „Zum Bauernhansl"**
Absetzstraße 59
8343 Bad Gleichenberg
Tel. 03159/2610
Gute, bodenständige Wirtshausküche

→ **Erlebnisgaststätte Brunnenstadl**
Fehringerstraße 14
8490 Bad Radkersburg
Tel. 03476/3710
info@brunnenstadl.at
www.brunnenstadl.at
Gute, bodenständige Wirtshausküche

→ **BulldogWirt**
Familie Wiedner
8345 Hof bei Straden 2
Tel. 03473/8267
bulldogwirt@aon.at
www.bulldogwirt.at
Verfeinerte, bodenständige Küche

→ **Die Delikaterie**
Kaiser-Franz-Josef-Straße 5
8344 Bad Gleichenberg
Tel. +43 664 3102420
silvia.schabl@delikaterie.at
alfred.gombotz@delikaterie.at
www.delikaterie.at
shop.delikaterie.at
Restaurant, Feinkost, Catering

→ **Berggasthof Fink**
8081 Edelstauden 19
Tel. 03134/30055
info@berggasthof-fink.at
www.berggasthof-fink.at
Gute, bodenständige Wirtshausküche

→ **Pizzeria, Dorfcafé Fortmüller**
Jamm 22, 8354 St. Anna am Aigen
Tel. 03158/2305
Mobil: +43 664 1814490
fortmueller@direkt.at
www.fortmueller.com

→ **Landgasthaus Fürnschuss**
Kirchbach 44, 8082 Kirchbach in Steiermark
Tel. 03116/2222
office@fuernschuss.at
www.fuernschuss.at
Verfeinerte, bodenständige Wirtshausküche

- **Fürstenbräu**
Fasching & Oosterveld OG
Hauptstraße 31, 8280 Fürstenfeld
Tel. 03382/55255
gasthaus@fuerstenbraeu.at
www.fuerstenbraeu.at
Gute, bodenständige Wirtshausküche

- **Genusshotel Riegersburg**
Starzenberg 144, 8333 Riegersburg
Tel. 03153/200200
genuss@hotel-riegersburg.at
www.hotel-riegersburg.at
*Verfeinerte, bodenständige Küche,
dry-aged beef*

- **Gasthof Siegfried Gruber**
8311 Markt Hartmannsdorf 112
Tel. 03114/2277
office@gasthof-gruber.at
www.gasthof-gruber.at
Verfeinerte bodenständige Küche, Zimmer

- **Gasthaus Haberl & Fink's
Echte Delikatessen**
Walkersdorf 23, 8262 Ilz
Tel. 03385/260
office@finks-haberl.at
www.finks-haberl.at
*Gemüse und Obst verarbeitet,
Eingelegtes, gehobene Küche*

- **Gasthof-Fleischerei Haiden**
8091 Jagerberg 6
Tel. 03184/8227
erwin.haiden@direkt.at
www.gasthof-fleischerei-haiden.at
*Gute, bodenständige Wirtshausküche,
Zimmer*

- **Wirtshaus Huber**
Florian Huber
Hauptstraße 5
8311 Markt Hartmannsdorf
Tel. 03114/2218
mahlzeit@wirtshaus-huber.at
www.wirtshaus-huber.com
Verfeinerte bodenständige Küche

- **Winzerhotel Kolleritsch**
8355 Tieschen 5
Tel. 03475/2305
office@kolleritsch.com
www.kolleritsch.com
Verfeinerte, bodenständige Küche

- **Gasthof Kraxner**
Hatzendorf 23, 8361 Hatzendorf
Tel. 03155/2471
info@gasthof-kraxner.at
www.gasthof-kraxner.at
Gute bodenständige Wirtshausküche

- **Gasthof Kulmberghof**
Familie Ladenhaufen
Gossendorf 5, 8330 Feldbach
Tel. 03159/2382
kulmberghof@aon.at
www.kulmberghof.at
Gute, bodenständige Wirtshausküche

- **Pizzeria Figaro**
Gottfried Lagler
Wünschendorf 190, 8200 Gleisdorf
Tel. 03112/6173
office@solar-cafe.at
www.pizzeria-figaro.at
www.sprossen.at
Bio-Pizzeria, Sprossen

- **Gasthaus Leber**
Glojach 20, 8421 Glojach
Tel. 03184/2210
gasthof.leber@aon.at
Gute, bodenständige Wirtshausküche

- **Lounge 81**
Steinbach 81, 8344 Merkendorf
Tel. +43 664 3848978
lounge81@thomasrauch.at
www.lounge81.at
Verfeinerte, bodenständige Küche

- **Malerwinkl Wirtshaus und Kunsthotel**
Hatzendorf 152, 8361 Hatzendorf
Tel. 03155/2253
gasthof@malerwinkl.com
www.malerwinkl.com
Gehobene Küche, Malkurse

- **Gasthof – Pension
Monschein Freissmuth**
8322 Erbersdorf 49
Tel. 03115/2330
gasthof.monschein@aon.at
*Gute, bodenständige Wirtshausküche,
Zimmer*

- **Murecker Schiffsmühle**
Restaurant Mühlenhof, Günter Zach
Am Mühlenhof 1, 8480 Mureck
Tel. 03472/2952
info@schiffsmuehle.at
www.schiffsmühle.at

- **Die Ottersbachmühle**
Wittmannsdorf 14, 8093 St. Peter
Tel. +43 664 75013903
gastro@ottersbachmuehle.at
www.ottersbachmuehle.at

- **Gasthof-Weingut Palz**
  Klöchberg 45, 8493 Klöch
  Tel. 03475/2311
  palz.kloech@aon.at
  www.gasthof-palz.at
  Gute, bodenständige Wirtshausküche

- **Pfeiler's Bürgerstüberl**
  Bürgergasse 26, 8330 Feldbach
  Tel. 031 52 24 03
  office@pfeilers.at
  www.hotel-seminar-restaurant.at

- **Gasthaus Pucher**
  8082 Kirchbach 51
  Tel. 03116/2304
  Gute, bodenständige Wirtshausküche

- **Sasstalerhof**
  Peter & Renate Jöbstl
  8092 Mettersdorf 16
  Tel. 03477/2317
  office@sasstalerhof.at
  www.sasstalerhof.at
  Gute, bodenständige Wirtshausküche, Zimmer

- **Saziani Stub'n**
  Familie Neumeister
  8345 Straden 42
  Tel. 03473/8308
  saziani@neumeister.cc
  www.neumeister.cc
  Gehobene Küche

- **Schloss Kapfenstein**
  Margot und Georg Winkler-Hermaden
  8353 Kapfenstein 105
  Tel. 03157/2322
  weingut@winkler-hermaden.at
  www.winkler-hermaden.at
  Gehobene Küche

- **Schlosswirt Kornberg**
  Dörfl 2, 8330 Feldbach
  Tel. 03152/2057
  info@schlosswirt.com
  www.schlosswirt.com
  Gehobene Küche, Kochkurse

- **Hotel-Restaurant „Schöne Aussichten"**
  Gruisla 10, 8493 Klöch
  Tel. 03475/7545
  Mobil: +43 664 2550061
  info@schoeneaussichten.at
  www.schoeneaussichten.at
  Verfeinerte Crossover-Küche

- **Seehaus Riegersburg**
  Riegersburg 205, 8333 Riegersburg
  Tel. 03153/72106
  seehaus-riegersburg@aon.at
  www.genuss-riegersburg.at
  Verfeinerte, bodenständige Küche

- **Steira Wirt – Das Wirtshaus der Familie Rauch**
  8343 Trautmannsdorf 6
  Tel. 03159/4106
  office@steirawirt.at
  www.steirawirt.at
  Gehobene Küche, Kochkurse

- **Heurigenschenke zum Sterngucker**
  Familie Ehrenhöfer
  Tel. 03114/2176
  Mobil: +43 664 8215705
  office@zumsterngucker.at
  www.zumsterngucker.at
  Gute, bodenständige Wirtshausküche

- **Stöcklwirt**
  Neusetz 44, 8345 Straden
  Tel. 03473/7046
  office@stoecklwirt.at
  www.stoecklwirt.at
  Gehobene Küche, Kochkurse

- **Gasthaus Restaurant Thaller**
  Am Kirchplatz 4
  8423 St. Veit in der Südsteiermark
  Tel. 03453/2508
  www.gasthaus-thaller.at
  Gehobene Küche, Kochkurse

- **Thermenrestaurant Bad Radkersburg**
  Tel. 03476/2677
  info@parktherme.at
  www.parktherme.at

- **Wipp'l Hofbergstubn**
  Stefan Wippel
  Hofberg 67, 8333 Riegersburg
  Tel. 03153/20060
  office@hofbergstubn.at
  www.hofbergstubn.at
  Verfeinerte, bodenständige Küche

- **Zotter Schokoladen**
  Bergl 56, 8333 Riegersburg
  Tel. 03152/5554
  schokolade@zotter.at
  www.zotter.at
  Öko-Essbar im Tiergarten, Biokost selbst produziert

Schlafen

Altes Gehöft am Lormanberg
Familie Schöllauf
Lormanberg 62, 8324 Kirchberg/Raab
Tel. 03152/4777
Mobil: +43 664 3438776
schoellaufmaria@aon.at
www.traum-urlaub.at
Schlafen im revitalisierten Landhaus

Weingut Edelsbrunner
Hof 87, 8355 Tieschen
Tel. 03473/7816
office@weingut-edelsbrunner.at
www.weingut-edelsbrunner.at

Fühl Dich Wohl
Fam. Ronner-Ermertz
Sinzingerstrasse 19, 8350 Fehring
Tel. 03155/2888
urlaub@fuehldichwohl.at
www.fuehldichwohl.at

Gaube Viljem & Cvetka
Jareninska cesta 51, 2212 Šentilj
Slowenien
Tel. +386 2 6510481
Mobil: +386 4554991
tur.k.gaube@gmail.com

Genusshotel Riegersburg
Starzenberg 144, 8333 Riegersburg
Tel. 03153/200200
genuss@hotel-riegersburg.at
www.hotel-riegersburg.at

Gleichenberger Hof
Gerti & Reinhard Kaulfersch
Am Kurpark, 8344 Bad Gleichenberg
Tel. +43 664 5248769
office@gleichenbergerhof.at
www.gleichenbergerhof.at

Gasthof-Fleischerei Haiden
8091 Jagerberg 6
Tel. 03184/8227
erwin.haiden@direkt.at
www.gasthof-fleischerei-haiden.at
Gute, bodenständige Wirtshausküche, Zimmer

Die Klause
Dr. Dolf Dominik
Taxbergstraße 15/17/19
8344 Bad Gleichenberg
Tel. 03159/44915
willkommen@die-klause.at
www.die-klause.at
Heiltherapie

Klein Holland
Fam. Wildtham
8353 Kapfenstein 144
Tel. +43 664 2129230
info@klein-holland.at
www.klein-holland.at

Winzerhotel Kolleritsch
8355 Tieschen 5
Tel. 03475/2305
office@kolleritsch.com
www.kolleritsch.com

Weingut Krispel
Daniela, Anton und Stefan Krispel
Neusetz 29, 8345 Hof bei Straden
Tel. 03473/7862
wein@krispel.at, www.krispel.at
Wein, Wollschwein

Gasthof Kulmberghof
Familie Ladenhaufen
Gossendorf 5, 8330 Feldbach
Tel. 03159/2382
kulmberghof@aon.at
www.kulmberghof.at

Hotel & Lounge Lava Inn
Gnaser Straße 1, 8330 Feldbach
Tel. 03152/208390
info@lava-inn.at, www.lava-inn.at

Hotel Legenstein
Bairisch Kölldorf 14
8344 Bad Gleichenberg
Tel. 03159/2220
info@legendstein.at
www.legenstein.at

Lindenhof am Steinberg
Familie Sitzwohl
Steinberg 70, 8333 Riegersburg
Mobil: +43 699/ 10030602
familie@sitzwohl.at
www.sitzwohl.at

Alexandra Monschein
Buschenschank
Schwabau 21, 8345 Straden
Tel. +43 664 1547296
wein-monschein@aon.at
www.wein-monschein.at

Pfeiler's Bürgerstüberl
Bürgergasse 26, 8330 Feldbach
Tel. 031 52 24 03
office @ pfeilers.at
www.hotel-seminar-restaurant.at

Heuriger Rosenbergl
Familie Kirwasser
Rosenberg 40, 8345 Straden
Tel. 03473/8322
www.rosenbergl.at
Gästezimmer

- **Sasstalerhof**
Peter & Renate Jöbstl
8092 Mettersdorf 16
Tel. 03477/2317
www.sasstalerhof.at
Gute, bodenständige Wirtshausküche, Zimmer

- **Saziani Stub'n**
Familie Neumeister
8345 Straden 42
Tel. 03473/8308
saziani@neumeister.cc
www.neumeister.cc

- **Weinhof Scharl**
Plesch 1, 8354 St. Anna am Aigen
Tel. 03158/2314
weinhof-scharl@utanet.at
www.weinhof-scharl.at
Buschenschank

- **Schloss Kapfenstein**
Margot und Georg Winkler-Hermaden
8353 Kapfenstein 105
Tel. 03157/2322
weingut@winkler-hermaden.at
www.winkler-hermaden.at

- **Schlössl Hotel Kindl**
Bernreither Straße 34
8344 Bad Gleichenberg
Tel. 03159/2332
info@schloessl-hotel.at
www.schloessl-hotel.at

- **Hotel-Restaurant Schöne Aussichten**
Gruisla 10, 8493 Klöch
Tel. 03475/7545
Mobil: +43 664 2550061
info@schoeneaussichten.at
www.schoeneaussichten.at

- **Sonnenhaus Grandl**
8330 Auersbach 71
Mobil: +43 664 4541330
info@sonnenhaus-grandl.com
www.sonnenhaus-grandl.com

- **Stöcklwirt**
Neusetz 44, 8345 Straden
Tel. 03473/7046
office@stoecklwirt.at
www.stoecklwirt.at

- **Triebl**
Fleischerei, Imbiss, Café, Zimmer
Radkersburgerstraße 13
8344 Bad Gleichenberg
Tel. +43 664 3575420
office@triebl-styria.at
www.triebl-styria.at

- **Weinberg 12**
Fam. Loidolt
Weinberg/Raab 12, 8350 Fehring
Tel. 03155/51919
willkommen@weinberg12.at
www.weinberg12.at

- **Ferienhaus Zotter**
Reiting 17, 8330 Mühldorf bei Feldbach
Mobil: +43 664 73544152
mzotter@aon.at
www.ferienhaus-zotter.at

- www.landlust.at

- www.vulkanlandurlaub.at

Thermalbäder

- www.thermenland.at

- **Rogner Bad Blumau – Hundertwassertherme**
Bad Blumau 100, 8283 Bad Blumau
Zimmer reservieren:
Tel. 03383/5100-9449
urlaubsschneiderei@rogner.com
Tageskarten:
Tel. 03383/5100-9603
therme.blumau@rogner.com
www.blumau.com

- **Heilbad Bad Gleichenberg, Therme der Ruhe**
Untere Brunnenstraße 40
8344 Bad Gleichenberg
Tel. 03159/2294-4050
heilbad@lifemedicine.com
www.lifemedicineresort.com

- **Thermalquelle Loipersdorf**
8282 Loipersdorf 152
Tel. 033 82/82 04
info@therme.at
www.therme.at

- **Parktherme Bad Radkersburg**
Alfred-Merlini-Allee 7
8490 Bad Radkersburg
Tel. 03476/2677
info@parktherme.at
www.parktherme.at

- **Heiltherme Bad Waltersdorf**
Thermenstraße 111
8271 Bad Waltersdorf
Tel. 03333/500-1
office@heiltherme.at
www.heiltherme.at

Wein und Most

- **Leopold Boden**
  8093 St. Peter/Ottersbach
  Zehnensdorf 42
  Tel. 03477/2783
  Caldera-Most

- **Weingut Domittner**
  8493 Klöch 102
  Mobil: +43 664 4055755
  www.kloecherhof.at

- **Dr. Jakob Dorner**
  Grazerstraße 14, 8480 Mureck
  Tel. +43 664 2318436
  www.weingut-dorner.at

- **Weinhof – Buschenschank Dunkl**
  Nägelsdorf 24a, 8345 Straden
  Tel. 03473/7729
  www.dunkl-weine.com

- **Dveri Pax**
  Polički vrh 1, 2221 Jarenina, Slowenien
  Tel. +386 2 6440082
  Mobil: +386 31789100
  www.dveri-pax.com

- **Winzerei Eibel am Starzenberg**
  Altenmarkt 136, 8333 Riegersburg
  Tel. +43 664 1763844
  www.eibl.at

- **Weingut Frauwallner**
  Karbach 7, 8345 Straden
  Tel. 03473/7137
  Mobil +43 676 6036911
  www.frauwallner.com

- **Johann Friedl**
  Auersbach 10, 8330 Feldbach
  Tel. 03114/2168
  Caldera-Most

- **Gesamtsteirische Vinothek**
  Marktstraße 6
  8354 St. Anna am Aigen
  Tel. 03158/2801
  www.gesamtsteirische-vinothek.at

- **Weingut Buschenschank Gießauf-Nell**
  8493 Klöch 66
  Tel. 03475/7265
  www.giessauf-nell.at

- **Karl Haas**
  8342 Gnas, Poppendorf 56
  Tel. 03151/2364
  Caldera-Most

- **Weinhof Huber**
  siehe Buschenschanken

- **Weingut Hutter**
  Reiting 2, 8330 Feldbach
  Tel. 03152/4422
  www.hutter-wein.at

- **Alois Kaufmann**
  Raabau 10, 8330 Feldbach
  Tel. 03152/2603
  Caldera-Most

- **Weinbauernhof Klöckl**
  Gruisla 7, 8493 Klöch
  Tel. 03475/2342
  www.steirer-weine.at

- **Weingut Krispel**
  Neusetz 29, 8345 Hof bei Straden
  Tel. 03473/7862
  www.krispel.at

- **Christof Krispel**
  Hartmannsdorf 244, 8311 Markt
  Tel. 0664/5905426
  Caldera-Most

- **Gottfried Lamprecht**
  Pöllau 43, 8311 Markt Hartmannsdorf
  Tel. 03114/2693
  Mobil: +43 699 17149689
  www.herrenhof.at

- **Buschenschank, Weingut Leitgeb**
  8343 Trautmannsdorf 104
  Tel. +43 664 4128089
  www.weingut-leitgeb.at

- **Alexandra Monschein**
  Buschenschank und Gästezimmer
  Schwabau 21, 8345 Straden
  Tel. +43 664 1547296
  www.wein-monschein.at

- **Josef Nestelberger**
  8333 Riegersburg, Auersbach 58
  Tel. 03153/7107
  Caldera-Most

- **Weinbau Neuherz**
  Edersgraben 2, 8330 Feldbach
  Tel. 03155/3225

- **Gasthof-Weingut Palz**
  Klöchberg 45, 8493 Klöch
  Tel. 03475/2311
  www.gasthof-palz.at

- **Weinhof Platzer**
  Pichla 25, 8355 Tieschen
  Mobil: +43 664 3969474
  www.weinhof-platzer.at

- **Ploder-Rosenberg**
  Unterrosenberg 86
  8093 St. Peter a. O.
  Tel. 03477/3234
  www.ploder-rosenberg.at

- **Weinhof Rauch**
  Perbersdorf 30
  8093 St. Peter a. O.
  Tel. 03477/2510
  www.weinhof-rauch.at

- **Weinhof Reichmann**
  Khünegg 54
  8093 St. Peter a. O.
  Tel. 03477/2435
  Mobil: +43 664 6590393
  www.weinhof-reichmann.at

- **Saziani Stub'n**
  Familie Neumeister
  8345 Straden 42
  Tel. 03473/8308
  www.neumeister.cc

- **Weinhof Scharl**
  Plesch 1, 8354 St. Anna am Aigen
  Tel. 03158/2314
  www.weinhof-scharl.at

- **Schloss Kapfenstein**
  Margot und Georg Winkler-Hermaden
  8353 Kapfenstein 105
  Tel. 03157/2322
  www.winkler-hermaden.at

- **Weingut Schloss Thaller**
  Maierhofbergen 24,
  8263 Großwilfersdorf
  Tel. 03387/2924
  www.weingut-thaller.at

- **Gottfried Trummer**
  Lichtenberg 6, 8342 Gnas
  Tel. 03151/2334
  Caldera-Most

- **Weinhof Ulrich**
  Rupert & Karin Ulrich
  Plesch 26, 8354 St. Anna/Aigen
  Tel. 03158/2290
  www.weinhof-ulrich.at

- **Wipp'l Hofbergstubn**
  Stefan Wippel
  Hofberg 67, 8333 Riegersburg
  Tel. 03153/20060
  www.hofbergstubn.at

- **Weinbau-Buschenschank Wonisch**
  8493 Klöch 65
  Tel. 03475/2347
  www.weinbau-wonisch.at

- **Weinbau Wurzinger**
  Waldsberg 34, 8344 Bad Gleichenberg
  Tel. 03159/2835
  www.weinbau-wurzinger.at

- www.eruption.at

- www.kloecher-traminer.at

- www.straden-grauburgunder.at

- www.tauwein.at

- www.weinblueten.at

- www.winzer-vulkanland.at

OBEN: *Für viele ein ganz besonderer Kraftplatz: die Kapelle von Schloss Kapfenstein.*

Pures Leben aus Sprossen

Gottfried Lagler, Pionier einer nachhaltigen Naturküche, spricht begeistert vom „grünen Gold": Kein anderes Lebensmittel schenkt uns mehr Lebensfreude und Lebenskraft, so die Überzeugung des steirischen Gastronomen. Frische Sprossen liefern dem Körper alles, was er an Vitaminen, Mineralien, Spurenelementen und Enzymen braucht. Zieht man sie selbst im eigenen Haushalt, so kommt dies auch noch wesentlich günstiger als das Kochen mit gekauftem Salat und Gemüse.

Gemeinsam mit dem steirischen Haubenkoch Hans Peter Fink zeigt Gottfried Lagler anhand schneller und preiswerter Gerichte, wie wunderbar vielfältig Sprossen in der Küche einsetzbar sind, wie ihre zarten Aromen Gerichte bereichern und vervollkommnen.

Gesundheit und Genuss in idealer Symbiose!

Hans Peter Fink · Gottfried Lagler
SPROSSEN
Das Kochbuch
176 Seiten, durchg. Farbe, Klappenbroschur
€ 22,99 · ISBN 978-3-99011-068-3
EDITION STYRIA

Der Autor

Josef Kirchengast, geboren 1951, ist außenpolitischer Redakteur der Tageszeitung „Der Standard" mit Schwerpunkt Mittel- und Osteuropa. Zu seinen journalistischen Hobbys zählen kulturelle Themen im weitesten Sinn, darunter vor allem Kulinarisches. In Mühldorf, wo das Heimathaus seines Vaters steht und das ab 2015 zur Regionsgemeinde Feldbach gehört, betreibt er gemeinsam mit seiner Frau Helga, Coach und begeisterte Hobbyköchin, die „Krafttankstelle Huabn", ein kleines Seminar- und Gesundheitszentrum.

Bildnachweise:

Seiten 6, 9, 11, 14, 16, 17, 19, 21, 23, 24, 25, 26, 27, 29, 30, 31, 32, 34, 41, 42, 43, 45, 46, 47, 49, 50, 51, 55, 56, 57, 62, 65, 67, 68, 70, 71, 72, 73, 81, 84, 85, 88, 92, 93, 97, 98, 99, 100, 101, 102, 103, 105, 106, 110, 111, 112, 113, 114, 115, 116, 117, 118, 124, 125, 126, 127, 128, 130, 131, 136, 138, 139, 140, 141, 143, 145, 147, 152, 154, 155, 156, 157, 159, 162, 163, 165, 166, 168, 170, 171, 191, Umschlag hinten (3): Kirchengast

Umschlag vorne und hinten (2), Vorsatz, Seiten 13, 22, 33, 36/37, 39, 40, 54, 59, 60, 64, 74, 75, 77, 78, 81, 86/87, 90, 94, 108/109, 113, 121, 133, 134/135, 148, 150, 151, 153, 167, 176, 189: Bergmann, Steirisches Vulkanland, Markenbetriebe des Vulkanlandes

Seiten 38, 129: Familie Ploder

Seite 53: Sonnenhaus Grandl

Seite 76: Schlosswirt Kornberg

Seite 83: Malerwinkl

Seite 83: Naturstein Trummer

Seite 104: Fink & Haberl's

Seite 157: Lounge 81/Christina Luger

Seite 158: Joerg Lehmann (o.), SteiraWirt

Seite 161: SteiraWirt

Seite 164: Marion Luttenberger

Seite 165 (li.): Harald Irka

Seite 169: Stöcklwirt

Karten: designation

FÜR LEIB & SEELE – TOUR 1
1 Der kreative Norden   94

FÜR LEIB & SEELE – TOUR 2
2 Der unterschätzte Westen   110

FÜR LEIB & SEELE – TOUR 3
3 Der fließende Süden   122

FÜR LEIB & SEELE – TOUR 4
4 Der klassische Osten   136

FÜR LEIB & SEELE – TOUR 5
5 Die pralle Mitte   150